좋은 규제의 조건

규제개혁 시민행동 가이드북

도서출판 윤성사 209

좋은 규제의 조건
규제개혁 시민행동 가이드북

제1판 제1쇄	2023년 10월 13일
지 은 이	강영철 · 곽노성 · 김진국 · 배관표 이련주 · 옥동석 · 이민창 · 이혁우
펴 낸 이	정재훈
꾸 민 이	(주)디자인뜰
펴 낸 곳	도서출판 윤성사
주 소	서울특별시 서대문구 서소문로 27, 충정리시온 제지층 제비116호
전 화	대표번호_02)313-3814 / 영업부_02)313-3813 / 팩스_02)313-3812
전 자 우 편	yspublish@daum.net
등 록	2017. 1. 23

ISBN 979-11-93058-12-1 (03350)
값 15,000원

ⓒ 강영철 외, 2023

지은이와의 협의에 따라 인지를 생략합니다.

이 책의 전부 또는 일부 내용을 재사용하려면 반드시 사전에 저작권자와
도서출판 윤성사의 동의를 받아야 합니다.

잘못 만들어진 책은 구입하신 서점에서 교환 가능합니다.

좋은 규제의 조건

규제개혁 시민행동 가이드북

강영철 · 곽노성 · 김진국 · 배관표
이련주 · 옥동석 · 이민창 · 이혁우

규제개혁 시민행동 가이드북 **좋은 규제의 조건**

규제개혁을 위한 시민행동을 제안한다

이 책은 규제강국에 살고 있는 대한민국 시민과 기업을 위한 규제개혁 시민행동 지침서다. 정부가 규제를 제대로 개혁하지 못하니, 시민과 기업이 직접 나서서 정부의 규제개혁을 압박하자는 말이다.

그런데 압박하는 데에도 전략이 필요하다. 내가 불편하다고 정부 규제를 바꿔 달라는 것은 투정에 불과하다. 스쿨존 규제가 운전하는 데 불편하다고 바꾸라고 하면 누가 납득하겠는가? 도로 여건과 어린이들의 접근성에 대한 분석, 학교가 문을 여는 시간과 문을 닫는 시간에 대한 일률적인 속도 제한 적용의 타당성, 학교 앞에 좁은 1차선 도로만 있는 경우와 신호등이 있는 4차선, 6차선 도로가 있는 경우 등, 도로 여건의 차이 등을 근거로 현재 스쿨존 규제의 문제점을 지적하고 합리적으로 업그레이드할 것을 요구하면 달라진다. 전자는 '단순 민원'에 불과하지만 후자는 불합리한 규제에 대한 강력한 '규제 청원'이 된다.

이 책은 국무조정실의 의뢰로 정부 관료들의 규제에 대한 이해를 높이기 위해 저술한 '정부 규제 바로 알기'(일명 규제개혁 교과서) 보고서에서 출발했다. 공직자들을 대상으로 규제가 왜 문제가 되는지, 규제가 꼭 필요하더라도 어떻게 설계하면 시민과 기업의 불편과 피해를 최소화할 수 있는지, 규제개혁을 위해 정부가 어떤 수단을 쓸 수 있는지를 정리한 것이다.

그 보고서를 규제자인 정부 관료의 입장이 아니라 피규제자인 시민과 기업 입장에서 개작했다. 시민과 기업이 겪고 있는 규제 애로를 정부의 시혜적 규제개선이 아니라 시민의 정당한 규제개선 청구권을 행사함으로써 해결해 나가는 지침서로 만들어진 것이다.

제1부에서는 좋은 규제와 불량 규제는 어떻게 다른지를 설명한다. 좋은 규제는 이 책에서 제시한 13대 조건을 만족시키는 것이어야 한다. 독자들은 현재 자신에게 피해를 주는 규제가 있는 경우, 여기에서 제시된 좋은 규제의 13대 조건을 기준으로 무엇이 문제인지를 생각해 볼 수 있다.

제2부는 슬기로운 규제 청원 방법에 관한 것이다. 시민과 기업의 규제 애로를 해소하는 데 직접 참여했던 필자들이, 그 경험을 바탕으로 공무원들을 설득시키는 지혜를 정리한 것이다. 좋은 규제의 조건을 갖추지 않았다고, 불량 규제라고 지적하는 것만으로는 부족하다. 공무원들이 이를 알면서도 스스로 고치지 못하는 경우도 많다. 걱정도 많다. 함부로 풀어 줬다가 내가 어떻게 당할지 모른다는 두려움이 그것이다.

지피지기라고 했다. 규제개선에 소극적일 수밖에 없는 공무원의 기저 심리를 이해하고 그 문제를 선제적으로 해결하는 대안을 제시하는 것이 좋은 전략이다. 제2부에서는 또한 이제까지 한국에서 효과를 봤던 규제개혁 방법에는 무엇이 있었는지, 규제 청원을 할 때 어떤 창구를 활용할 수 있는지를 설명했다.

제3부는 한국의 규제 현실에 대한 이해를 돕기 위해 작성한 것이다. 규제개혁이 왜 어려운지, 어렵지만 반드시 성취해야 하는 이유는 무엇인지, 경제와 규제에는 어떤 상관관계가 있는지를 정리했다. 1, 2부를 읽은 독자들에게 일종의 심화학습 기회를 제공하기 위한 것이다.

규제개혁 시민행동 가이드북 **좋은 규제의 조건**

우리가 꼭 기억해야 할 사실이 하나 있다. 누구나 공무원들은 공공의 이익을 위해 일한다고 믿는다. 그러나 이는 오로지 절반의 진실에 불과하다. 공무원은 공익을 내세워 끊임없이 자기 영역 확장을 시도할 수밖에 없는 제도적 유인구조 속에 놓여 있다. 공무원의 자기 영역 확장이란 무엇인가? 규제를 끊임없이 만들어 내는 것이다. 법률 하나 만들면 그 법을 운영하기 위해 적어도 1개 팀이 꾸려진다. 우리나라에 있는 대다수 '진흥법/발전법'은 그렇게 쓰여 있더라도 '족쇄법'이라고 읽어야 한다. 무슨무슨 산업진흥법에는 정부가 그 산업 발전을 위한 중장기계획을 주기적으로 만들어야 하며, 법의 목적을 달성하기 위해 공공기관을 만들고, 관련한 자격증을 도입하는 등, 정해진 도식이 있다. 이 모든 것이 공무원들의 자기 영역 확장과 연계된다. 그래서 규제개혁은 어렵다. 공무원들로 하여금 권력을 내려놓고 조직을 줄이라고 요구하는 것이기 때문이다.

시민과 기업인이 이 책을 읽어야 하는 이유가 바로 여기에 있다. 규제청원은 쉬운 일이 아니다. 공무원들의 공고한 규제 정당화 논리를 깨부술 수 있어야 실마리가 잡힌다. 공무원들이 주장하는 논리에 어떤 허점이 도사리고 있는지 알 수 있어야 공무원을 상대로 한 규제 청원에서 승리할 수 있는 길이 열린다. 예를 들면 이 책 제1부에서 말하는 좋은 규제의 13대 조건의 어떤 것을 규제가 충족하지 못하는지를 공박할 수 있어야 한다. 규제로 인한 민간의 피해가 얼마인지 계산해서 제시할 수 있으면 금상첨화다.

경우에 따라서는 나를 위해 대신 싸워 줄 공무원도 동원할 수 있어야 한다. 국무조정실 규제조정실은 그 직무가 규제를 개선하는 일이다. 규제개혁신문고 등 규제개혁 창구를 이용해 여기서 일하는 공무원들을 설득할 수 있다면 여러분을 대신해서 부처를 상대로 규제개선을 압박할 것이다.

규제가 없는 국가는 이 세상에 없다. 국가와 사회를 유지하는 게임의 규칙이 바로 규제이기 때문이다. 그래서 '정부=규제'라는 공식이 성립된다. 그렇다고 모든 규제가 정당화되는 것은 아니다. 국민의 자유와 선택권, 재산권을 과도하게 억제하는 규제는 독버섯이다. 이러한 규제를 솎아 내야 한국은 선진'도상'국이 아니라 '선진국'으로 발돋움할 수 있다.

현재 우리가 겪고 있는 경제적 어려움도 잘못 만들어진 규제가 도처에 깔려 있기 때문이다. 규제가 민간의 경제적 자유를 과도하게 옥죄면 국가 경제는 서서히 침몰할 수밖에 없다. 여기서 잠깐 한국의 규제 현실에 대해서 살펴보자.

김대중 정부가 1998년 본격적인 규제개혁을 추진한 이래 한국은 올해로만 25년째 규제개혁을 외치고 있다. 김대중 대통령 이후 모든 대통령이 규제개혁을 국정과제로 추진했다.

그러나 경제협력개발기구(OECD)가 발표하는 시장규제지수에서 한국은 세계 최강 규제국가의 반열에 올라선 지 오래다. OECD가 2013년에 발표한 규제지도를 보면 한국은 중국·러시아 같은 1당 지배 독재 체제 국가와 마찬가지로 규제적색국가로 분류돼 있다. 2018년에는 규제지도를 공표하지 않았지만, 이 해 한국의 규제 강도로 볼 때 지도가 발표됐더라도 녹색, 혹은 오렌지색 국가로의 승급은 없었을 것이다.

이 지수가 왜 중요한가? OECD 분석 결과, 규제 강도와 경제 성장과의 상관 관계가 입증됐기 때문이다. 규제가 강하면 성장잠재력을 갉아먹는다는 말이다. 한국의 잠재성장률은 이미 경제대국 미국, 유럽연합(EU) 수준으로 하락하고 있다. 조만간 잠재성장률이 미국이나 EU보다 낮아지는 데드크로스(dead cross)가 발생할 가능성이 있다. 경제의 발목을 잡아왔던 규

규제개혁 시민행동 가이드북 **좋은 규제의 조건**

    제가 지난 25년 동안 서서히 한국의 성장잠재력을 갉아먹어 왔다는 것이다. 끓는 물 속의 개구리(boiling frog)와 마찬가지였던 것이다.
    지난 25년 동안 정부가 규제개선을 잘 할 것으로 믿어 왔던 게 실책이다. 규제가 밥줄인 공무원에게 스스로 알아서 바꾸라고 했으니 실패가 뻔했다. 이제 규제 강국에서 벗어나는 유일한 길은 시민과 기업이 불합리한 규제는 내가 나서서 고치겠다는 각오로 정부를 상대로 일전을 벌이는 일이다. "규제당하지만 말고, 일어나 바꾸자!"

규제개혁 시민행동 가이드북 **좋은 규제의 조건**

목차

| 머리말 | 4

제1부 좋은 규제가 갖춰야 할 조건_ 13

좋은 규제 매니페스토 · 15

좋은 규제의 13대 조건 · 18

  1. 국민 전체의 이익을 증가시키는 규제 / 18

  2. 안전과 성장을 동시에 추구하는 규제 / 23

  3. 예측가능성은 높이고 불확실성은 제거한 규제 / 30

  4. 과학적 증거가 충분한 규제 / 39

  5. 이해관계자 의견을 제대로 수렴한 규제 / 44

  6. 누구나 검증 가능한 성과 목표가 제시된 규제 / 48

  7. 다른 규제와 유사하거나 중복되지 않는 규제 / 52

  8. 규제 이외 다른 대안이 없어 도입된 규제 / 60

  9. 하면 안 되는 일만 지정하는 규제 / 67

 10. 비용보다 혜택이 더 큰 규제 / 75

 11. 국제적으로 규제 강도가 가장 낮은 규제 / 88

 12. 미래의 기술 발전을 촉진하는 규제 / 93

 13. 낡고 비현실적인 요소를 제거한 규제 / 99

제2부 나쁜 규제에 대한 슬기로운 대응법_ 107

시민 주도, 제대로 된 규제개혁 · 109

시민과 기업의 슬기로운 규제 청원 5대 전략 · · · · · · · · · · · 113

악마는 디테일에, 생생하고 상세한 이슈 정리 / 113
제3자도 동의할 수 있는 수준으로 객관화 / 115
현실과 떨어진 책상 위 황당 규제임을 설명 / 116
나만이 아니라 많은 사람을 힘들게 하고 있음을 강조 / 118
정부의 걱정거리를 미리 예측해서 대응 / 119

규제개선 요구, 이렇게 하라 · 122

규제개혁신문고 활용 / 123
규제 샌드박스 신청 / 127
한시적 규제유예 신청 / 131
중소기업 옴부즈만에 건의 / 135
지방자치단체에 규제개혁 청원 접수 / 137
경제단체 등 다양한 민간 채널 활용 / 140
시민이 주도하는 규제영향분석 / 144

규제개혁 시민행동 가이드북 **좋은 규제의 조건**

목차

제3부 나쁜 규제를 없애야 하는 이유_ 149

규제개혁 없이 국가 발전 없다 · 151
정부의 역할 / 151

규제와 국가 발전 / 168

규제개혁이 필요한 이유 / 179

규제개혁에 대한 오해와 혼동 · 188
규제개혁에 대한 흔한 혼동 / 188

규제개혁 제대로 이해하기 / 197

규제개혁이 표류하는 이유 · 204
규제와 이해관계 / 204

규제집행과 의도하지 않은 결과 / 205

규제개혁과 갈등관리 / 208

마치며: 좋은 규제는 시민의 권리다 · · · · · · · · · · · · · · · · · 212

| 참고 문헌 | 217

제1부
좋은 규제가 갖춰야 할 조건

‖ 제1부 ‖
좋은 규제가 갖춰야 할 조건

좋은 규제 매니페스토

대한민국 국민은 '국민을 위해 작동하는 규제 시스템'을 향유할 권리가 있다. 어떤 규제라도 목적 자체만으로는 정당하지 않으며, 국민 전체의 이익을 증진시킬 경우에만 그 정당성을 인정할 수 있다.

규제는 그 어떤 것이라도 국민의 자유를 제약하는 결과를 초래한다. 따라서 규제로 인한 국민의 자유의 침해는 최소한으로 억제돼야 하며, 규제가 아니면 해결하지 못하는 문제가 있음이 명백할 때에만 그 타당성이 인정된다.

정부는 사회가 수용할 수 없거나 불합리한 비용을 부과하지 않으면서 경제 성장, 혁신, 경쟁력 및 일자리 창출을 촉진함과 동시에 국민의 보건, 복지, 안전, 환경을 보호해야 한다. 규제를 관리하는 공직자들은 경제 발전, 혁신과 국민 안전 사이에서 균형을 잃지 않도록 항상 스스로를 규율해야 한다.

규제는 피규제자의 예측가능성을 높여 불확실성을 줄일 수 있어야 한다. 규제는 '최고의 과학적 지식과 분석'에 근거해서 설계해야 하며, 규제를 입안하는 과정에서는 기업을 비롯한 이해관계자와 일반국민의 의견을 폭넓게 수렴하고 이들의 참여를 보장해야 한다.

규제를 통해 달성하고자 하는 성과 목표는 최대한 측정 가능한 형태로 제시해야 하며, 목표 달성 여부는 주기적으로 검증해야 한다.

규제에 관한 한 정부는 동일체다. 각 부처가 서로 다른 목적으로 규제를 설계한다 하더라도, 규제 간의 모순, 동일한 규제 사안에 대한 유사·중복 규제를 배제할 책임이 정부에 있다.

규제를 신설하거나 개선할 때는 명령 지시적 직접규제보다는 자율규제, 경제적 인센티브 제공과 같은 간접규제 수단을 우선적으로 검토해야 한다. 규제로 국민의 행위를 제한할 경우에는 할 수 있는 사항만 제시하는 방식보다는 할 수 없는 사항을 적시하는 방식을 먼저 고려해야 한다.

규제를 설계할 때, 정부는 항상 복수의 대안을 마련해야 하며 경제, 환경, 보건, 안전은 물론 재분배 효과, 형평 등에 미치는 영향에 대해 정량적·정성적 비용 및 편익을 산출한 후 순편익이 가장 큰 것을 최우선으로 고려해야 한다.

정부는 동일한 규제 사안에 대한 국제적 동향도 적극 검토해 한국의 규제환경이 국내 기업과 국민들에게 상대적으로 지나치게 큰 부담을 주지 않도록 설계해야 한다. 규제 경쟁력은 곧 국가 경쟁력이다.

규제는 미래 지향적이어야 한다. 현재뿐만 아니라 미래의 기술 발전이나 규제환경의 변화를 수용할 수 있도록 유연성을 갖춰야 한다. 민간에서 항상 새로운 시도가 가능하도록 규제 체계와 그것이 형성한 이해관계가 국민경제 혁신을 저해하지 않도록 관리해야 한다.

영원히 유효한 규제는 없다. 당초의 목적과 성과 목표를 달성하지 못하는 규제를 찾아서 폐기, 개선 혹은 재설계해야 하는 책임은 정부에 있다. 국민의 자유를 제약하면서 사회문제를 해결하지 못하는 불합리한 규제를 지속적으로 개선하는 것은 정부의 의무다.

좋은 규제의
13대 조건

1. 국민 전체의 이익을 증가시키는 규제

좋은 규제의 첫 번째 조건은 '국민 전체의 이익을 증가시키는' 규제다.

여기서 중요한 포인트는 바로 '국민 전체'라는 말이다. 규제로 인해 일부 계층, 일부 기업, 일부 시민만이 혜택을 입는다면 그것은 좋은 규제가 아니다.

규제는 불가피하게 규제로 인한 비용을 부담하는 집단을 발생시킨다. 이 세상에 비용 부담 주체가 없는 규제는 없다. 누군가는 규제를 준수하기 위해 폐수정화처리 장치도 만들어야 하고, 안전설비도 구입해야 하며, 식품 생산 과정에서 살균기를 투입해 식품의 위해 요소를 제거해야 한다. 이처럼 규제가 특정 집단에게 비용을 부담시킴에도 불구하고 그것이 정당화되는 이유는 국민 전체적으로 볼 때 총체적인 후생이 증가하기 때문이다.

우리가 왜 고소득자들에게 높은 세율을 부과하는가? 고소득자들이 피해를 보더라도, 이렇게 조달한 재원으로 저소득 계층의 복지망을 강화함으로써 소득 격차로 인한 사회 불안을 해소할 수 있기 때문이다.

국민 전체의 이익을 증가시키는 규제인지 아닌지를 판단하는 지표로 각국 정부가 활용하는 수단이 규제영향분석이다. 규제로 인한 비용과 혜택을 비교해 순혜택(혜택-비용)이 큰 규제 방식을 택하는 것이다.

규제는 기본적으로 국민의 행위를 제한하는 특성을 갖고 있다. 시민의 선택의 자유와 재산권을 제약한다. 지시와 명령, 벌칙을 통해 민간의 행위를 정부가 의도한 방향으로 변화시키는 것이 규제의 목적이다.

그래서 정부가 규제로 시민의 권리와 행위를 제약할 때는 분명한 명분이 있어야 한다. 대표적인 명분이 '시장실패(market failure)'다. 민간의 자율에 의해 작동하는 시장에서 국민 모두의 이익 증진이라는 목표가 달성될 수 없을 때 정부는 시장에 개입한다.

시장실패에서 오해하지 말아야 할 게 하나 있다. 시장실패가 정부 개입의 근거가 되는 것은 분명하지만, 그것은 필요 조건일 뿐이지 충분 조건은 아니라는 점이다. 즉, 시장의 불완전함은 정부가 민간에 개입할 것인가 말 것인가를 고민하는 출발점은 될 수 있을지언정, 그 자체로 정부 개입을 자동적으로 정당화시켜 주는 것은 아니라는 말이다.

왜냐하면 시장의 결함만큼이나 정부에도 심각한 결함이 있기 때문이다. 시장실패를 치유하려는 의도로 도입된 정책들이 시장실패를 해결하기는 커녕 사회적 비효율만 증가시킬 수 있기 때문이다. 우리는 이러한 현상을 '정부실패'라고 말한다. 정부실패가 없는 국가, 즉 정부의 무결성, 무오류성을 주장하는 것은 독재국가에서나 가능한 일이다.

예를 들어 기업의 환경오염을 완전 차단하기 위해 환경오염부담금을 부과하는 경우를 가정해 보자. 기업이 감내할 수 있는 수준을 넘어서는 부담금을 매기면 기업은 아예 생산활동을 포기하고 부담금이 적은 나라를 찾아서 공장을 옮긴다. 이렇게 되면 환경오염은 확실히 통제하겠지만, 오염물질을 배출하는 모든 공장이 문을 닫으면서 경제는 활력을 잃고 일자리는 축소된다. 과연 이 규제는 성공한 규제라고 말할 수 있을까?

따라서 시장실패가 존재한다는 것은 정부가 시장에 개입할 필요성이 있다는 것을 일깨워 주는 현상일 뿐 시장에 어떻게 개입할 것인가는 전혀 다른 차원에서 접근할 문제다.

정부실패가 더 고약하다

규제가 당초의 목적을 달성하지 못하거나 목적을 달성하더라도 당초 예상했던 비용을 초과하는 부담을 국민 경제에 부과하는 경우를 우리는 정부실패(government failure)라고 말한다. 예를 들어 부동산 가격 상승을 막기 위한 각종 규제가 오히려 부동산 가격을 상승시키는 효과를 낳는다면 정부실패라고 말할 수 있다.

정부실패의 가장 큰 문제점은 비가역성에 있다. 비가역적이라 함은 정부실패의 원인을 제공한 규제를 고치는 일이 쉽지 않다는 말이다. 모든 규제는 법률에 근거한다. 법률은 국회가 제정 혹은 개정한다. 그런데 국회가 자신이 만든 법률에 하자가 있다고 법률을 자발적으로 고치는 일은 쉽게 찾아볼 수 없다.

법률의 위임을 받아 정부가 재량권을 행사하는 시행령, 시행규칙, 고시를 통한 규제의 경우도 정부가 자진해서 정부실패를 인정하고 이를 시정하는 경우는 많지 않다. "나 잘못했소"라고 실토하는 공무원들이 과연 몇 명이나 되겠는가?

특히 규제의 변화는 어떤 것이든 이익집단 간에 존재하는 현재의 균형 상태에 변화를 가져온다. 그래서 규제로 인해 이익을 향유해 왔던 집단은 이익의 균형을 깰 수 있는 어떠한 규제개혁 노력에도 반대한다. 4차 산업혁명 기술을 활용한 법률 서비스 플랫폼이 한국에서 불가능한 이유는 변호사 집단이 인공지능을 활용한 온라인 법률 서비스가 자신의 밥그릇을 빼앗아 갈 것을 우려하기 때문이다.

이러한 이유들로 인해 규제를 만드는 것보다 규제를 개선하거나 없애는 일이 더 어렵다. 이것이 바로 정부 규제의 비가역성이다. 그래서 규제를 만들 때는 제대로, 신중히 만들어야 한다.

한국은 규제 적색국가

2013년 경제협력개발기구(OECD)가 발표한 시장규제지수(Product Market Regulation Index: PMR)는 경쟁친화도에 따라 각국의 규제 수준을 색깔로 구분하는 색다른 시도를 했다. 경쟁친화적 국가는 녹색, 중립적 국가는 주황색, 시장 경쟁에 비우호적인 국가는 적색으로 표시했다(QR 코드 스캔으로 색상 확인).

한국은 중국, 러시아, 튀르키예 등과 함께 적색국가로 구분됐다. 이 지도가 너무 자극적이었을까? OECD는 그 이후 규제지도를 발표하지 않았다.

OECD는 5년 단위로 각국의 시장규제지수를 발표한다. 2018년에는 지수 구성을 개편해서 새롭게 발표했다. 이 지수의 명칭을 직역하면 '상품시장규제지수'이나 지수의 성격을 더 잘 표현하는 용어는 '시장규제지수'다. 실제 이 지수의 세부 지표를 보면 제조 및 서비스업에서의 진입 규제, 정부 간섭에 대한 것으로 구성돼 있기 때문이다. 비록 지도는 발표되지 않았으나 한국은 여전히 시장규제지수에서 규제 최강국 중의 하나로 자리 잡고 있다. 2013년 OECD 4대 규제 강국에서 2018년에는 3대 규제 강국이 됐다(처음 통계가 작성된 코스타리카, 콜롬비아와 50개 주 중에서 단 2개 주 평가만 반영한 미국 제외). 따라서 OECD가 2018년 지수를 기준으로 위의 지도를 작성해서 발표했다 하더라도, 한국은 여전히 적색국가군으로 남아 있었을 확률이 높다.

특히 규제 모범국가, 즉 규제가 약한 5대 OECD 회원국인 영국, 덴마크, 스페인, 독일, 네덜란드와 비교해 보면 한국이 시장 경쟁에 얼마나 비우호적인 규제환경을 갖고 있는지 드러난다. 한국의 전체 시장규제지수는 1.69. 규제 모범국가의 평균은 1.03. 그 격차는 0.66이다. 한국은 결코 경쟁 친화적 국가가 아닌 것이다. 가장 큰 격차를 보인 항목은 소매가격에 대한 정부 통제로 그 격차는 2.72이다. 명령 지시적 경영 간섭은 1.43, 정부 소유기업 경영 개입은 1.73, 스타트업 인허가는 2.0, 서비스 네트워크 진입 장벽은 2.43이었다.

한편 OECD는 시장 규제가 환경 규제나 노동 규제보다 경제 성장에 미치는 영향이 크다고 분석했다. 이것은 규제개혁의 초점을 어디에 맞춰야 하는지, 새로운 규제를 도입할 때 반시장적 · 경쟁 제한적 요소를 얼마나 유의해서 제거해야 하는지 그 중요성을 잘 보여 주는 통계다.

규제개혁 시민행동 가이드 1

어떤 규제가 내 회사에 막대한 비용을 초래하고 있다고 가정하자. 이때 "기업하기 어려우니 규제를 풀어 달라"면서 정부를 향해 '선처'를 바라는 것이 좋은 전략이겠는가, 과도한 규제로 인해 제품가격이 높아져 국민 전체의 이익이 줄어든다며 규제개선을 요구하는 것이 좋은 전략이겠는가?

2. 안전과 성장을 동시에 추구하는 규제

정부가 규제를 도입할 때는 시장실패를 교정한다거나, 과도한 위험이나 위해 요소로부터 국민을 보호한다는 명분이 제시된다. 그런데 정부는 국민 경제를 개선해야 하는 의무도 갖고 있다. 국민 경제를 개선한다는 것은 경제를 성장시키고, 혁신을 촉진하며 이를 통해 일자리를 창출하는 것을 의미한다.

따라서 정부가 규제를 설계할 때는 안전과 성장을 균형 있게 고려해야 한다. 이를 위해서 규제정책 입안자들은 민간 부문과 시장이 국민 경제의 성과 개선을 위한 최고의 엔진이라는 믿음을 잊지 말아야 한다. 안전을 명분으로 한 규제가 이 엔진을 멈추게 하지 않도록 신경을 써야 한다는 말이다.

기업에 지나친 세금과 준조세를 부과할 경우, 기업은 투자를 통해 사업을 확장하고 일자리를 추가적으로 창출할 기회를 잃게 된다. 안전을 명분으로 한 과도한 규제 준수 부담이 국민 경제에 부정적 영향을 미치는 이유도 마찬가지다.

안전과 성장의 균형은 미국의 규제 원칙을 포괄적으로 정리한 대통령 행정명령(Executive Order) 12866(1993년 9월 30일), 13563(2011년 1월 18일)

의 정신이다. 규제는 안전과 성장을 동시에 추구해야 한다는 것이다.

OECD도 이런 취지에서 '규제의 질과 성과를 위한 지침(OECD Guiding Principles for Regulatory Quality and Performance)'에서 "국민 경제를 개선하고, 변화에 적응할 수 있는 능력을 개선하기 위해" 회원국들이 규제개혁에 나설 것을 촉구하고 있다.

미국의 행정명령이 안전과 성장의 균형을 강조한 것은 이유가 있다. 상당히 많은 규제가 '사고' 발생 후 갑자기 폭증하는 안전에 대한 사회적 요구 혹은 새로운 규제를 요구하는 사회적 분위기를 반영해 도입되기 때문이다. 그런데 이렇게 도입된 안전 규제는 그 필요성에도 불구하고, 일단 현장에서 규제를 집행하기 시작하면 자유롭고 활발한 시장경제 활동을 제약하게 되며, 경우에 따라서는 안전 수준 제고라는 규제 목적 자체를 달성하지 못하는 경우가 흔하다는 것이 미국 사회에 축적된 연구와 사회적 논의의 결과다.

우리나라에서도 이런 경향이 관찰되고 있다. 사회적 이슈가 된 큰 사고 후 도입된 화학물질 안전 규제는 정작 규제가 도입된 후에야 민간에 미치는 영향에 대한 제대로 된 분석이 가능했다. 분석 결과 이 규제는 규제준수비용이 너무 크며, 특히 중소기업에 상대적으로 더 큰 부담을 준다는 사실이 드러났음에도 불구하고 쉽게 개선되지 않고 있다.

산업 현장에서 근로자와 국민의 안전 확보라는 취지에서 도입된 중대재해처벌법 또한 온 국민이 공감하는 가슴 아픈 사고 후 제대로 된 논의 없이 서둘러 도입된 규제다. 이 규제에 대해서는 사회 전체가 부담해야 하는 규제비용이 지나치게 크고, 규제가 명료하지 않다는 논쟁이 진행 중이다.

피규제자 범위를 좀 더 명확하게 규정함으로써 규제 시행의 예측가능성을 높일 필요가 있다는 주장도 있다. 규제는 도입 단계에서 꼼꼼한 검토가 필요하다. 사고 후 설익은 상태로 급하게 도입된 규제라도 일단 도입되면 사후 개선은 훨씬 더디고 힘들기 때문이다.

안전이나 생명과 관련된 규제는 가치 지향적 규제다. 이런 규제의 경우, 아무리 문제가 많아도 정부가 규제를 개선하겠다고 나서면 엄청난 비난을 감수해야 한다. 마치 정부가 생명과 안전을 경시하는 것처럼 비춰지기 때문이다.

따라서 안전 규제는 규제를 도입하기 전에 규제가 아닌 다른 정책 수단으로 의도하는 정책 목적을 달성할 수 있는지(예컨대 안전 투자에 대한 보조금, 세제 혜택), 규제가 유일한 수단이라면 어떤 방식으로, 어느 정도 수준으로 규제를 부과하는 것이 사회적 부담을 최소화하면서 규제 효과를 발생시킬 수 있는지 꼼꼼히 살펴봐야 한다. 규제를 적용받는 사업자나 개인이 얼마나 되고, 정부는 전체 규제 대상 사업장을 상대로 규제 준수 여부를 꼼꼼히 점검할 수 있는 역량과 자원을 갖고 있는지도 중요한 검토 대상이다. 규제를 만들었으나 집행 인력 부족으로 사고를 미연에 방지하지 못하는 사례도 많기 때문이다.

안전 규제도 개선은 필요하다

경남 거제 한 대형 조선소 사내 협력업체 A사는 최근 다른 도크 선박에서 발생한 근로자 사망사고로 고용노동부가 2주간 전체 조선소에 대한 '작업 중지' 명령을 내리는 바람에 공정이 연기돼 수억 원의 손실을 봤다. 중대재해 발생시 지나치게 넓은 고용노동부의 작업중지명령 범위 때문이었다. 이 조선소 전체로는 250개 협력사가 250억 원의 손실을 보고, 현장 근로자 2,500여 명도 2주간 일손을 놔야 했다.

A사 대표는 "여의도만 한 크기의 조선소 안에 축구장 6~8개를 합쳐 놓은 크기의 도크만 7~8개이고, 도크 당 간격이 수㎞ 떨어져 있다"며 "왜 같은 조선소라는 이유만으로 사고 한 번에 전체 근로자가 손해를 봐야 하냐"고 하소연했다.

타워크레인업계는 잦은 검사 주기(6개월)를 1년으로 완화해 달라고 요구했다. 검사가 너무 잦아지는 바람에 검사 소요 시간이 길어져 중대사고가 발생하고 있다는 지적이다. 한국타워크레인임대업협동조합 이사장은 "과거엔 검사하는 데 15일 걸렸는데, 최근엔 2개월이 걸린다"며 "검사 일정에 따라 모든 타워크레인 공정을 한꺼번에 맞추려다 보니 오히려 중대 사고가 더 잦아졌다"고 지적했다.

출처: 한국경제신문(2022.8.17).

한편 정부가 기업에 과도한 부담을 주면서 정작 해결해야 할 문제는 해결하지 못하는 규제를 합리적으로 개선하겠다고 나서면 '친기업'이라고 공격받는다. 불합리해서, 개선의 여지가 있는 안전 규제여서, 규제개선을 통해 기업 부담을 합리화시키고 안전도 확보할 수 있는 방안을 제시해도 무조건 친기업으로 몰아붙인다. 정부나 공직자가 특히 안전에 관한 규제개선에 부담을 느끼고 소극적인 이유는 이 때문이다.

한국의 생명윤리법은 배아줄기세포 등 첨단 분야 의료 연구를 제약하는 강력한 법이다. 생명윤리법을 개정한다? 각종 시민단체들은 물론 해당 규제를 담당하는 보건복지부 공직자들도 생명근본주의를 주장한다.

한국에서는 유전자검사 항목이 엄격히 제한돼 있다. 따라서 유전자 검사 회사들은 한국을 떠나 해외에 회사를 설립하기도 한다. 유전자 검사에 도덕성이라는 가치의 잣대를 들이대고 반대하는 여론에 공직자들이 소신을 펼치지 못하기 때문이다.

공직자들에게 규제에 대한 균형 감각이 필요한 이유는 바로 이 때문이다. 이들이 규제를 관리할 때, 스스로 적절한 균형추를 갖추지 못하면 안전을 명분으로 하는 불합리한 규제가 있더라도 여론에 휩쓸리고, 언론의 눈치를 보며, 자리 지키기에 급급해서 신기술, 신산업의 맹아를 자르고 기업을 옥죄게 된다.

우리는 '성장'과 '안전'이 배타적 개념이 아니라는 점을 인식할 필요가 있다. 안전 없는 성장은 지속 가능하지 않다. 기업에 안전한 작업장 및 안전한 제품과 서비스의 제공은 그 자체가 경쟁력이다. 이를 소홀히 할 경우, 정부가 쫓아내지 않더라도 그 기업은 시장에서 퇴출된다. 기업은 이를 잘 알고 있다. 그래서 대부분의 기업은 안전에 대한 투자를 후순위로 미뤄 근로자나 소비자의 안전을 위협하는 일은 하지 않는다.

이처럼 기업이 성장하고, 스스로 환경, 안전, 생명 보호에 투자를 더 많이 해서 더 좋은 제품을 만들고 작업장도 더 안전하게, 환경도 더 깨끗하게, 생명 보호도 더 확실하게 개선하는 것이 정부가 과도한 규제를 의무화해 성장을 옥죄는 방식보다 낫다. 기업이 안전 경쟁력을 스스로 갖추면 새로운 일자리가 창출되고 성장의 열매를 국민 모두가 함께 향유할 수 있게 된다.

주유소에서 '안전과 성장의 균형'

주유소의 풍경이 바뀐 것을 인지하고 있는가? 주유소에 햄버거 가게가 있고 커피숍과 빨래방, 꽃집이 들어서 있다. 2, 3층은 상업시설, 1층은 주유소, 이런 식이다. 소위 복합주유소다. 지금은 너무 일상화돼 아무도 이것이 규제개선의 성과라는 것을 모른다.

주유소 내 상업시설은 엄격히 제한돼 있었다. 3층 이상의 부대건물을 지을 수도 없었으며, 들어갈 수 있는 상업시설이 편의점 등으로 엄격히 제한돼 있었다.

그런데 주유소가 우후죽순으로 생기면서 문 닫는 주유소도 생기고, 영업을 하고 있는 주유소들은 적자에 시달렸다. 그래서 주유소 사장님들이 정부에 건의했다. 상업시설을 허용해 달라고. 당연히 행정안전부(당시 명칭)와 소방당국은 반대했다. 주유소 폭발사고 시 인명 피해가 크다는 이유에서다.

국무조정실 규제조정실에서 조정회의를 통해 주유소 폭발사고의 빈도와 폭발 원인, 이로 인한 인명 손실 등에 대해서 물었다. 검토 결과 주유소 폭발사고는 대부분 주유 저장탱크의 유증기가 남겨진 상태에서 무리하게 들어가 탱크를 청소하는 과정에서 발생했다. 그로 인한 인명 피해도 주유소 주변의 상업시설을 이용하는 이용객들이 아니고 사고 작업을 진행하던 사람들로 한정됐다.

주유소는 이미 안전 규격이 확실하게 설정돼 있어 폭발 시 피해를 최소화하도록 설계돼 있었다. 행정안전부와 소방청이 마침내 동의해 상업시설에 대한 규제를 풀었다. 주유 이외의 다양한 서비스를 이용할 수 있는 주유소가 늘어나면서 주유소가 이제 복합문화공간으로 바뀌는 변화가 일어났다. 안전에 대한 규제를 합리적으로 운영하면 경제에도 도움이 되는 대표적인 사례.
사진 속 복합 주유소의 모습을 갖출 수 있었던 것은 불과 9년 전, 2014년의 일이다.

(출처: 현대 오일뱅크 홈페이지).

생각해 보기

2023년 민생과 관련한 중요한 화두 중의 하나가 한국전력공사의 적자와 이를 해소하기 위한 전기료 인상이었다. 한국전력공사의 적자는 발전 단가가 낮은 원자력 비중을 낮추고 석탄, 가스, 태양광 등 단가가 높은 에너지원의 비중을 높이면서 예견된 일이다. 정부가 국정과제로 밀어붙이면 어떤 기업도 자기 목소리를 낼 수 없다. 문제는 정부도 에너지 정책이 장기적인 전기요금에 미칠 영향에 대한 정밀 분석을 하지 않았으며, 한국전력공사 역시(한국전력공사는 전기료 상승 시나리오를 어느 조직보다도 더 잘 계산할 수 있어야 하는 조직이다) 이에 대한 어떠한 경고도 하지 않았다는 점이다. 전기료의 상승은 민생에 악영향을 미칠 뿐 아니라 기업활동 전반에 생산비용을 높여 경쟁력을 낮추는 요인으로 작용한다. 더욱 근원적인 문제는 원전사고 예방의 가장 효과적인 처방이 원전 비중을 낮추는 것인가 하는 의문이다. 원전은 한 기만 있어도 사고 시 엄청난 재난을 초래한다. 몇 기가 있는지보다는 얼마나 위험을 잘 관리하는가의 영역이다. 맹목적적인 안전지상주의, 생명근원주의, 환경원리주의로 인해 어려움을 겪고 있는 분야가 주변에 있는지 살펴보자.

3. 예측가능성은 높이고 불확실성은 제거한 규제

규제에서 예측가능성과 불확실성은 무엇을 의미하는가?
예측가능성은 규제의 안정적 운영을 의미한다. 이것은 특히 기업에 중요하다. 기업은 보통 사업계획을 작성할 때 1년 단기계획과 함께 3년 중기계획을 수립한다. 이는 곧 기업들이 적어도 3년이라는 기간 동안 기업활동과 관련된 제도나 규제가 바뀌지 않을 것을 전제로 사업계획을 만든다는 것을 의미한다. 물론 개정이 이미 공지된 규제가 있다면 개정된 규제의 시행 시기를 감안해 중기계획을 만들면 그만이다. 문제는 중기계획 기간 중에 규제가 갑자기 바뀔 경우에 발생한다.

주한유럽상공회의소 등 우리나라에 주재하는 외국 기업 대표들이 참석하는 모임에 가 보면 자주 듣는 말이 있다. 한국의 경우 규제의 강도보다 더 큰 문제는 규제의 안정성이라는 것이다. 규제가 너무 자주 바뀐다는 말이다. 아무리 규제가 강하더라도 기업은 사업상의 기회가 있으면 투자를 하게 되는데, 규제가 자주 바뀌면 사업의 안정성을 보장할 수 없기 때문에 투자를 꺼리게 된다는 것이다. 10여 명이 앉은 테이블에서 한 외국계 기업 사장이 물었다. "당신에게 당장 1천억 원이 주어진다면 한국과 싱가포르 어디에 투자하겠는가?" 예외 한 명 없이 싱가포르라 답했다.

이 같은 문제는 특히 환경 및 안전과 관련한 규제에서 두드러진다. 환경안전 규제를 준수하기 위해서는 기업이 관련 장비 및 시설에 대한 투자를 해야 하기 때문이다. 사업계획상의 투자계획을 중간에 바꿔야 할 정도로 규제의 변동이 심하다면, 특히 투자를 늘려야 하는 상황이 발생한다면 기업으로서는 재원을 추가적으로 조달해야 하는 어려운 문제에 봉착하게 된다.

그래서 규제를 한 번 시행하면 적어도 3년 정도의 안정적 운영 후 평가를 통해 규제의 내용에 손질을 가한다는 원칙적인 접근이 필요하다.

예측가능성은 기업뿐만 아니라 일반국민과도 관계가 있다. 우리나라 국민들은 이미 문재인 정부하에서 부동산 규제의 잦은 변화로 큰 피해를 겪었다. 내 집 마련 전략이라는 게 작동할 수 없었다. 규제가 하도 자주 바뀌니 전략이고 뭐고 그때그때 대응하기도 바빴다. 직장생활 후 10년 차 정도에 내 집 마련 계획을 세웠던 새내기 직장인들이 부동산 정책 실패로 아파트 가격이 급등하자 부랴부랴 은행 빚으로 집을 사기도 했다. 이들은 이제 높은 은행 이자율 때문에 고생하고 있다.

예측가능성은 다부처 복합 규제의 경우 특히 더 문제가 된다. 식품의 표시 사항 규제를 관장하는 부처는 8개에 달한다. 각각의 부처는 표시 사항 변경 시 유예 기간을 설정한다. 법규를 바꾸고 나서 시행일까지 준비할 시간을 주는 것이다. 따라서 개별 부처의 입장에서 보면 식품 기업들에 충분히 대응할 시간을 준 것이다.

그런데 아뿔싸, 표시 사항을 관장하는 부처가 하나가 아니고 8개다. 이들 각각은 모두 유예 기간을 부여하지만, 서로 협의하지 않는다. 예를 들어 식품의약품안전처나 농림축산식품부가 표시 사항 변경을 추진할 때 서로에게 "당신 부서에서 표시 사항 변경할 계획이 있어?"라고 묻지 않는다. 각각의 필요에 따라 각각의 시간표에 맞춰 일한다. 그러니 당하는 기업만 죽어난다. 1년에도 몇 번씩 포장재를 바꿔야 하는 일이 발생할 수 있다.

대표적인 예가 막걸리 포장재 표시 사항 변경 사례다. 아래 상자글에 정리했다.

> ### 막걸리 제조업체에 '시어머니만 7명'
>
> 2017년 막걸리 업계가 정부에 규제 민원을 제기했다. 보건복지부가 2016년 8월 '과음 경고 문구 등 표시 내용' 고시를 개정해 이에 맞춰 포장재를 준비했는데, 이 고시가 시행되기도 전인 2017년 2월 9일 보건복지부가 또다시 과음 경고 문구를 개정해 막걸리 제조 회사들이 준비한 포장재를 폐기하고 새로운 포장재를 만들어야 한다는 것이었다.[1]
>
> 개정한 내용을 보자. 2016년 8월 고시한 내용은 "지나친 음주는 암 발생의 원인이며, 임신 중 음주는 태아의 기형이나 유산, 청소년 음주는 성장과 뇌 발달을 저해합니다."라는 문구였다. 이것을 "지나친 음주는 암 발생의 원인이 됩니다. 청소년 음주는 성장과 뇌 발달을 저해하며, 임신 중 음주는 태아의 기형 발생이나 유산의 위험을 높입니다."로 고치라는 것이다. 2개의 표시 내용에 도대체 어떤 차이가 있는가? 앞뒤 순서만 바꿔 놓았을 뿐이다.
>
> 그렇다면 막걸리 포장재 표시 내용에 관계하는 부처는 몇 개일까? 대부분 국세청, 식약처 등 2~3개 정도라도 생각한다. 그런데 아니다. 7개다. 한 언론 보도는 이를 빗대어 '시어머니만 7명'이라고 표현했다. 표시 사항 변경이 뭐 그리 대수냐고 말할 수 있다. 막걸리 제조 회사들에는 엄청난 일이다.
>
> 막걸리는 유통 기한이 짧다. 그래서 전국적인 유통망을 갖고 영업하는 막걸리 제조업체는 소수다. 대부분 지역에 기반한 영세업체들이다. 당시 한국의 막걸리 시장 규모는 4천억 원. 제조업체 수 330여 개였다. 이 중 상위 50개 사가 전체 매출의 80~90%를 차지했다. 나머지 400~800억 원 시장에 280여 개

---

1) 다음을 참조: https://news.g-enews.com/article/Distribution/2017/02/20170223172502251898 4_1?md=20170224000007_U
http://www.foodnews.co.kr/news/articleView.html?idxno=62183

영세업체가 옹기종기 몰려 있다는 말이다. 연매출로 환산하면 평균 1억 4천만 ~2억 8천만 원이다.

영세업체들은 판매량이 많지 않아 보통 1년 치 포장재를 한꺼번에 발주한다. 1년에 포장재를 세 번 바꾸면 1년 치 포장재 재고를 두 번이나 폐기해야 한다. 막걸리협회가 30여 개 영세업체를 표본조사했더니 손해액만 총 3억 원이 넘었다.

정부가 규제의 예측가능성에 대비하는 방법은 법률이나 시행령, 시행규칙 등을 바꿀 때 일정한 유예 기간을 제시하는 것이다. 대부분 규제를 바꿀 때 정부는 유예 기간을 부여해 갑작스런 규제의 변화에 기업이나 국민이 노출되는 일을 없애기 위해 노력한다.

그러나 문제는 막걸리 표시 사항의 경우처럼, 정부 내 여러 부처가 서로 간에 협의 없이 자신의 권한 범위 내에서 각각의 스케줄에 맞춰 규제를 바꾸는 경우에 발생한다. 예를 들어 막걸리 표시 사항과 연관된 식품의약품안전처, 보건복지부, 농식품부 산하 농산물품질관리원, 여성가족부, 환경부, 국세청, 기재부 등 7개 부처 중 그 어느 부처도 관련 법령에 협의 의무가 부여되지 않는 한, 표시 사항 변경에 관한 부처 간 협의를 자발적으로 먼저 시작할 이유가 없다.

그러다 보니 각 부처는 표시 사항을 바꿀 때마다 유예 기간을 주어 충분히 대응할 수 있도록 했다고 주장하나, 이를 이행하는 막걸리 제조업체의 입장에서는 스스로 부처를 쫓아다니면서 부처의 입장을 조율할 수도 없고, 설사 요구 사항을 모든 관련 부처에 요청했다 하더라도 어느 부처가 어떤 결정을 내릴지 짐작할 수도 없는 공황 상태에 빠지게 된다. 모든 부처가 피규제자를 보호하기 위해 유예 기간을 줬다고 하는데 규제의 예측가능성은 오히려 더 낮아지는 역설적인 현상이 발생하는 것이다.

이런 현상과 관련해 규제 담당 공무원들이 잘 이해하지 못하는 게 있다. 피규제자의 입장에서 보면 정부는 '하나'라는 점이다. 식약처도 정부이고 농림축산부도 정부이며 국세청도 정부다. 각 부처는 단 한 번의 표시 사항 변경을 요구했을 뿐이지만, 막걸리 제조업체는 정부가 세 차례나 포장재 변경을 요구했다고 생각한다.

막걸리 표시 사항 변경 이슈를 계기로 국무조정실은 식품 표시 사항 종합 점검을 실시했다. 총 8개 부처가 15개 법령에서 각각 표시 사항을 규정하고 있었다. 시행 시기에 대한 협력은 물론 없었다.

8개 부처 협의를 거쳐 표시 사항 변경의 경우, 식약처가 운영하는 '식품안전나라' 사이트를 통해 통합 관리하는 방식으로, 즉 모든 부처가 포장재 표시 사항 변경 내용을 한 곳에 공시하고 시기적으로 통일을 가하는 방식으로 해결했다. 표시 변경은 반드시 1년 이상의 유예 기간을 두고 시행일을 짝수 연도 1월 1일로 통일시켰다. 표시 사항 변경의 시행일을 조화시킨 것이다.

결과적으로 식품포장재는 원칙적으로 2년에 1회만 바꾸면 되는 것이다.

이를 개선하기 위해 정부가 2017년부터 시작한 제도가 '식품 표시 시행일 조화 시스템'이다. 모든 관련 부처로 하여금 식품 표시 사항 변경은 원칙적으로 짝수 연도에 1회, 1월 1일 시행하도록 했다. 이러한 규제 시행일 조화 제도는 모든 다부처 규제에 도입할 필요가 있다. 영국은 이미 모든 법규에 대해 시행일 조화 제도를 운영하고 있다. 영국에서 규제는 1년에 딱 두 번 동시에 바뀐다.

영국의 규제 시행일 조화 제도(Common Commencement)

영국 정부의 규제 가이드라인인 '더 나은 규제 프레임워크(Better Regulation Framework)'는 Section 2.2에서 규제 시행일 조화 제도를 설명하고 있다. 규제를 바꿀 때는 가능한 한 4월 6일, 10월 1일 중 한 날을 택일해서 시행하라는 것이다. 규제 신설 및 개정 시행일을 1년에 2회로 한정하는 것이다.

이 제도의 목표는 분명하다. 규제가 언제 어떻게 바뀔지 모르는 불확실성을

> 줄이고 예측가능성을 높이는 것이다. 시행일을 이렇게 못 박아 놓으면 기업들로서도 대응하기가 쉽다. 예를 들어 산업안전 규제의 경우, 고용노동부와 환경부에 많은 규제가 있다. 비슷한 내용도 많다. 그런데 고용부와 환경부가 각각 안전 규제를 바꾸면서 시행일이 서로 다르다면 기업으로서는 기존 프로세스를 바꾸고 또 바꾸는 불필요한 중복 투자가 불가피해진다. 그러나 시행일 조화 제도에 따라 같은 유형의 규제를 담당하는 부처들이 시행일을 맞춘다면 기업이나 민간의 규제준수비용도 절약할 수 있다.
> 한국에는 아직 시행일 조화가 광범위하게 활용되고 있지 않다. 그렇다고 사례가 없는 것은 아니다. 위의 상자글에서 살펴봤듯이 2017년 2월 막걸리 포장재 사태를 계기로 식품포장재 표시 사항의 경우 모든 부처가 2년에 한 번, 1월에만 변경을 시행하도록 하는 시행일 조화 제도를 도입한 바 있다.

다음으로 불확실성은 어떻게 개선할 수 있는가.

불확실성의 원인은 규제 자체가 모호하기 때문에 발생한다. 법령을 읽은 모든 사람이 동일한 결론을 낸다면 불확실성이 제로(0)인 규제다. 그러나 같은 법령을 놓고 공직자와 민원인이, 혹은 부처마다 서로 다른 해석을 내놓는다면 불확실성이 높은 규제다.

역대 모든 정부가 강조한 규제개혁 이니셔티브가 하나 있다. 바로 적극행정이다. 적극행정이라 함은 여러 가지 다른 정의가 있지만 공직자가 민원인의 문제를 민원인의 입장에서 생각하고 판단해서, 즉 '공감 능력'을 발휘해서, 가능한 한 민원인의 애로를 해소하는 방향으로 규제를 해석하는 일을 말한다.

실제로 국무조정실이 운영하는 규제개혁신문고에서 규제 민원이 해결되는 경로를 살펴보면 적지 않은 규제가 법령을 고치지 않고 규제 관료의 기존 규제 적극 해석을 통해 해결되는 것을 발견할 수 있다(다음 인터뷰 상자 글 참조).

> **규제개혁 담당 고위 공무원 인터뷰**
>
> "제가 규제조정실장으로 근무하면서 생겼던 의문 중의 하나는 규제를 개선하기 위해서는 얼마나 많은 법령 개선이 필요한가 하는 것이었습니다. 그런데 국무조정실이 규제개혁신문고를 통해 해결한 민원을 분석해 보니 놀라운 결과를 확인할 수 있었습니다. 해결된 규제 민원의 30% 이상이 법규 한 자 고치지 않고 해결한 것들이었습니다. 물론 법규를 정비하지 않고도 규제 민원을 해결하니 고마운 일이지만, 법규는 동일한데, 과거에는 '불가능', 현재는 '가능'이라는 판단이 내려지는 게 정상적인 상황인가라는 생각이 머리를 떠나지 않았습니다.
>
> 이렇게 민원을 해결한 데는 '적극행정'이 역할을 했습니다. 사실 적극행정은 규제를 민원인의 입장에서 해석하고 규제 애로를 공직자의 직권으로 해결하라는 요청을 하나의 개념으로 표현한 것입니다. 규제 민원의 30% 이상이 적극행정으로 해결되니 그것을 강조하는 것은 너무도 당연한 것입니다.
>
> 그렇지만 가장 이상적인 행정은 공무원의 적극행정조차 필요 없는 상태입니다. 규제가 공무원이 해석하건 민원인이 읽건 동일한 결론이 나오도록 정리돼 있다면 적극행정을 강조할 이유가 없어지는 것이지요.
>
> 적극행정으로 규제를 30% 해소했다는 것은 범주적으로 볼 때 공무원의 적극행정이 필요한, 즉 불확실성이 높은 규제가 30% 정도 될 수 있다는 것을 의미한다고 생각합니다."
>
> 전 국무조정실 규제조정실 공직자 인터뷰 내용 요약(2022.8.18.)

그런데 꼭 적극행정을 독려해야 규제가 해결된다는 게 이상하지 않은가? 애초부터 규제가 명확해서 해석에 이견의 여지가 없다면 적극행정을 강조할 필요도 없다. 결국 적극행정을 독려한다는 것은 규제의 모호성, 불확실성을 인정하는 것이나 마찬가지다. 언제까지 규제 관료들의 공감 능력에 의존해서 규제를 개선해야 하는가?

이미 만들어진 불확실한 규제에 대해서는 적극행정을 통한 규제의 탄력적 운용으로 문제를 해결한다 해도 향후 만들어지는 규제에 대해서는 '적극행정'이 필요 없을 정도로 규제의 명확성을 확보하겠다는 자세가 중요하다.

명확성을 확보하는 수단 중 하나는 규제를 쉽게 기술하는 것이다. 미국은 2010년 10월 'Plain Writing Act'를 법제화했다.[2] 우리말로 의역하면 '정부 문서 쉽게 작성하기 법'이다. 우리나라 법제처 역시 2006년에 '알기 쉬운 법령 만들기 5개년 계획'을 수립한 이래 정부 부처로 하여금 법령을 쉽게 쓰도록 유도하고 있다.[3] 한번 비교해 보자.

우리나라의 경우 과거 한자어나 일본식 표현을 우선적으로 정비하는 작업을 추진하다가 "국민에게 쉬운 용어와 문장으로 입법 의도와 제도를 정확히 알린다"는 취지로 법제처가 법령 개선 작업을 지속 사업으로 추진하고 있다. 반면 미국은 시민을 대상으로 발행되는 정부의 각종 문서를 미국 시민이면 누구나 쉽게 이해할 수 있도록 쉬운 영어를 사용해서 작성하라는 내용을 담고 있다.

그러나 미국의 Plain Writing Act는 정부 규제가 적용 대상에서 제외돼

---

2) https://digital.gov/resources/plain-writing-act-of-2010/
3) 법제처(2021). 『알기 쉬운 법령 정비 기준-열 번째 판』.

있다. 정부가 간행하는 각종 문서에만 적용된다. 이에 반해 한국 법제처의 관심은 모든 법령을 국민이 '알기 쉽게 정리'하도록 하는 것이다. 법령, 즉 규제를 대상으로 한다는 측면에서 보면 한국이 미국보다 앞서 나가고 있다고 말할 수 있다. 다만 미국의 Plain Writing Act는 의회를 통과한 정식 법률이지만, 한국은 법적인 강제성을 갖고 있지 않다.

따라서 정부 규제를 적용 대상에서 제외한 미국과는 달리 모든 법령의 정비 사업을 추진하는 법제처의 입장에서 보면, '알기 쉬운 법령 쓰기'를 법제화하는 것도 고려할 만한 일이다. 실제로 법령을 작성하는 책임은 소관 부처에 있기 때문에 법제처의 '알기 쉬운 법령 정비 기준'만으로 강제성을 부여할 수 없기 때문이다.

쉬운 법령 만들기를 법제화하건 아니면 법제처의 지휘 감독 권한을 강화하건 상관없이 중요한 것은 모든 부처가 중학교 수준의 학업을 이수한 국민이라면 누구나 쉽게 이해하고, 조문 해석과 관련한 다툼의 여지가 없도록 법령을 쉽고 명료하게 작성하는 일이다.

규제개혁 시민행동 가이드 2

산업안전 분야의 규제를 한번 상세히 들여다보자. 고용노동부, 행정안전부, 산업통상자원부, 소방청, 교육부 등 여러 부처의 규제가 동일한 기계류, 장비류, 혹은 프로세스에 동시에 적용되는 사례가 있을 것이다. 검사주기도 부처마다 제각각일 수 있다. 이런 경우 규제를 바꿀 때 한꺼번에 바꾸면 좋겠다는 판단이 나올 수 있다. 이러한 수요를 각 부처가 알아서 판단하기를 기대하지 말라. 스스로 찾아서 같은 고민을 안고 있는 기업들과 공동의 목소리로 시행일 조화 제도를 관계 부처에 강력히 요청해 보자.

4. 과학적 증거가 충분한 규제

규제는 위험을 합리적으로 관리하는 위험과학 영역에 있다. 세상 어디서나 존재하는 위험에 대해 위험의 크기와 발생가능성을 분석하고, 최적의 관리 수단을 설계해야 한다. 분석의 영역은 위험평가(risk assessment) 영역이고, 적절한 위험 저감 수단을 마련하는 것이 위험관리(risk management) 영역이다. 위험은 측정하지 않으면 관리할 수도 없다. 위험이 존재하는 양상과 발생할 확률을 잘 알지 못하는데 어떻게 관리하는 방안을 마련할 수 있겠는가? 위험평가에서 핵심은 위험이 얼마나 큰지(consequences 또는 magnitude), 위험이 실제로 현재화될 확률(probability 또는 likelihood)은 얼마나 되는지를 최대한 과학적으로 검증하는 것이다.

예를 들어, 위에서 예로 든 것처럼 주유소에 들어설 수 있는 부대시설을 규제하려면 주유소에서 폭발사고가 일어날 확률을 통계적으로 분석하고, 폭발사고 발생 시 주유소 시설을 이용하는 이용객들의 생명에 어느 정도의 위협이 가해질 것인지를 검증할 수 있어야 한다. 이러한 위험평가가 이뤄져야 그다음 단계로 넘어가 주유소 부대시설에 어떤 업종은 입주할 수 있고 어떤 업종은 입주할 수 없는지를 결정할 수 있다. 이것이 위험관리다.

국민의 생명, 안전, 환경과 관련되는 규제일수록 위험과학은 중요하다. 작업장 화학물질 규제를 예로 들어 보자. 작업장 화학물질 규제를 위해서는 인체에 유해한 화학물질에 작업자가 노출될 확률과 이로 인해 발생하는 생명에의 위협을 객관적으로 평가해야 한다. 이러한 평가를 기초로 유해화학물질로부터 작업자를 보호하는 다양한 규제 대안을 마련한 후 최소의 사회적 비용으로 최대의 효과를 실현할 최선의 대안을 찾아 나가야 한다. 위의 경우에는 문제된 화학물질의 사용을 전면 금지시키는 방법과, 화학물질은 사용할 수 있게 하되 위험이 발생할 때 작업자의 안전을 최대한 보호할 수 있는 보호장비 구비를 의무화하는 대안 등이 가능할 것이다.

위험과 관련해 규제관리자들은 두 개의 오류 가능성과 씨름해야 한다. 1종 오류(type I error)와 2종 오류(type II error)가 그것이다. 1종 오류는 미처 예측하지 못한 채 위험이 있는 제품을 허용하는 경우를 말하고, 2종 오류는 실제로는 안전한 제품을 불허하는 경우를 말한다.

인체에 유해한 제품에 대한 규제를 예로 들어 설명해 보자. 당신이 규제자라고 하면 어떤 오류를 더 회피하고자 하겠는가? 실제 위험이 발생했을 경우를 가정하면 1종 오류에 빠진 규제자는 자리를 보전하기 쉽지 않다. 위험한 제품의 시판을 허가했기 때문이다. 책임에 대한 논란이 뒤따른다. 2종 오류는 무능하다고 비판받을 수는 있어도 (안전한 제품을 안전염려증 때문에, 시판을 불허했기 때문에) 제품으로 인한 사고가 발생하지 않기 때문에 어떤 책임과도 무관하다.

따라서 규제 관료들로서는 위험의 내용과 범위를 확실히 알지 못하는 경우 1종 오류는 무조건 회피하고, 차라리 2종 오류를 범하는 게 상책이다. 생명, 환경, 안전 등과 관련해서 규제가 꾸준히 증가하고 강화되는 경향이 나타나는 이유가 바로 여기에 있다.

물론 유능한 규제자라면 1종 오류와 함께 2종 오류도 회피하려 노력할 것이다. 제품의 안전성을 면밀히 따져, 즉 위험평가를 제대로 실시함으로써 안전한 제품이 사장되는 일이 없도록 관리해 나갈 것이다.

위험관리 단계에서는 위험을 절감할 수 있는 다양한 대안 중에서 최선의 대안을 선택해야 한다. 위에서 설명했던 공장 내 유해물질 관리의 경우, 유해물질 사용의 전면 금지 방식과 적절한 안전장비 사용의무화 등의 방법이 있을 수 있다고 했다. 어느 것을 선택할 것인가? 이때 사용할 수 있는 방법에는 비용효과성 검증과 규제 비용편익분석 방법이 있다.

비용효과성 검증은 예컨대 교통사고 사망자 수를 1% 줄이거나 오염 배출량을 1% 줄이는 효과가 기대되는 복수의 규제 대안을 검토할 때 비용이 가장 적게 드는 방법을 사용하는 것이다.

비용편익분석은 비용뿐만 아니라 편익까지를 계량화해서 순편익이 높은 대안을 선택하는 것이다. 비용편익분석은 특히 다뤄야 할 사회적 위험이 여러 개인 경우 우선순위를 정하는 데도 활용할 수 있다.

미국 매사추세츠주 로웰에 위치한 코펜하겐컨센서스센터(Copenhagen Consensus Center)는 세계가 직면한 문제에 대해 가장 스마트한 해결책을 찾고자 하는 비영리 싱크탱크다. 이 센터에서 지난 2004년, 전 세계가 우선적으로 다뤄야 할 전 지구적 이슈의 우선순위를 선정하는 작업을 진행했다. 2004년 코펜하겐 합의(Copenhagen Consensus 2004)라는 제목으로 발표한 우선순위는 대중의 상식을 깨는 것이었다.

전 세계의 저명한 경제학자들에게 의뢰해 우선순위를 정한 결과 가장 시급한 문제는 HIV/AIDS 퇴치 문제였다. 다음은 개도국에서의 굶주림과 영양 결핍 문제, 그리고 세 번째 이슈가 무역자유화 문제였다.[4] 이 발표

---

4) https://www.copenhagenconsensus.com/publication/copenhagen-consensus-final-results

내용이 의외로 받아들여졌던 것은 지구온난화, 이민, 물 부족, 교육 등 당시 첨예했던 이슈들이 후순위로 밀렸을 뿐만 아니라 무역자유화가 이들을 제치고 3위에 등극했기 때문이었다.

이와 같은 결과는 코펜하겐 합의가 비용편익분석을 우선순위 설정에 활용했기 때문에 나타난 것이다. 애초 질문이 10조 달러의 추가적인 자금을 각국 정부가 활용할 수 있다는 가정하에 투자우선 순위를 정하는 것이었다. 쓸 수 있는 비용을 특정하고 그 돈을 어디에 쓰는 것이 인류에게 가장 도움이 될 것인가를 물었던 것이다.

이처럼 코펜하겐 합의는 투자 대비 효과를 감안하면 해결해야 할 위험의 우선순위가 바뀔 수 있음을 우리에게 잘 말해 준다.

안전 등과 관련한 사회 규제뿐만 아니라 경제 규제 역시 규제과학주의에 충실해야 한다. 대부분 경제 규제는 시장실패의 치유, 거래비용의 최소화 혹은 경감을 이유로 도입된다. 한 분석에 따르면, 우리나라의 경우 시장실패보다는 거래비용을 줄인다는 명분으로 도입되는 규제가 더 많다고 한다.[5]

그런데 이런 규제 도입의 명분이라고 하는 것은 말로 하고 끝내는 게 아니다. 정부가 시장실패가 있다거나, 거래비용이 과도하다고 말할 때는 반드시 그 증거를 제시해야 한다.

독과점 규제의 경우를 보자. 시장에 단 하나의 기업만 존재한다고 하자.

---

[5] 지광석·김태윤(2010), "'규제의 정당성에 대한 모색: 시장실패의 치유 vs. 거래비용의 최소화-경감'," 『한국행정학보』 제44권 제2호(2010 여름), pp. 261-289.

경쟁의 결과 남은 기업이 단 하나다. 그러면 정부가 자동적으로 개입해야 하는가? 아니다. 그 기업이 독점적 지위를 이용해서 소비자들에게 피해를 끼치고 있다는 객관적인 증거를 축적하고 이를 제시해야 개입할 수 있다. 정부는 규제를 합리적으로 운영해야 할 주체다. 그래서 비록 언론으로부터 비판을 받고 국회에 불려가 질책을 받는 일이 있더라도, 공직자들은 과학적 증거주의에 입각해서 규제정책을 펼쳐야 한다.

> **"위험은 책상에 앉아서 계산할 수 없다"**
> **- 영국 보건안전청의 정신 -**
>
> 영국에는 작업장 안전 규제를 집행하는 단일 조직이 있다. 보건안전청(Health and Safety Executive)이다. 산업 안전과 관련한 정부 각 부처의 규제를 위임받아 집행 권한을 행사한다.
> 이 조직의 가장 큰 자랑 중 하나가 연구소(Science and Research Center: HSE)다. 예컨대 주유소 폭발 시 안전거리를 설정한다고 하면 연구소가 직접 폭파 시험을 한다. 여러 차례의 폭파 시험을 통해 최적의 규제 대안을 마련한다.
> 영국 맨체스터 인근 벅스턴에 위치한 이 연구소에는 380명의 과학자, 엔지니어, 작업장 안전 및 보건 전문가, 행정요원이 근무하고 있다.
> 면적만 22㎢다. 서울대학교 관악캠퍼스가 3.9㎢이니 얼마나 큰 규모인지 가늠할 수 있다. 왜 이렇게 넓은 면적이 필요할까. 철저한 실험정신 때문이다. HSE의 정신은 위험을 스프레드 시트에서 계산하지 않는다는 것이다. 위험은 실험을 통해 실증적으로 분석돼야 한다는 믿음이다.
> 아래 링크를 보면 HSE 연구소에서 다양한 실험을 실행하는 모습을 볼 수 있다(https://youtu.be/ZElcHfDY9wQ). HSE의 이 같은 과학주의적 접근은 영국을 세계에서 가장 안전한 국가 (적어도 산업재해에 관한 한)로 만든 원동력이다.
>
>

> **규제개혁 시민행동 가이드 3**
>
> 위험평가는 규제를 만드는 공무원들에게만 필요한 게 아니다. 예를 들어 안전설비에 대해 소방청은 설비를 정기적으로 점검하도록 요구한다. 점검은 곧 검사를 받으라는 말이다. 유관 기관에 의뢰해서 점검 결과 이상이 없다는 검사 결과를 제출할 것을 요구한다. 그런데 검사를 위해 장비를 한 번 정지시키면 막대한 비용이 초래된다. 생산 차질, 매출 차질에 검사비용까지…. 장비에 따라서는 수억 원에 이를 수도 있다(원전 안전점검을 위한 가동 정지에 따른 비용을 상상해 보라). 이러한 경우 기업들은 어떻게 대처해야 할 것인가? 동일한 고민을 안고 있는 동종 기업들과 연합해서 제3의 공신력 있는 기관에 의뢰해 위험평가를 실시하고 검사주기의 합리화를 공동 건의하는 것이다. 오래된 설비와 새로운 설비에 대한 검사주기 차별화 등도 요구할 수 있을 것이다. 가만히 앉아서 규제'당하기'보다는 스스로 합리적인 규제 방법을 찾아 정부에 '과학적 증거'를 제시하면서 요청하면 정부가 모르쇠로 일관할 수는 없을 것이다.

5. 이해관계자 의견을 제대로 수렴한 규제

규제조정회의를 할 때 공무원들이 가장 곤혹스러워하는 질문이 하나 있다. 현장에 갔다 왔느냐는 물음이다. 십중팔구는 우물쭈물하다가 "아니다"라고 대답한다. 서류 작업과 법규 조문 검색 등에 시간을 많이 투입하다 보니, 현장에 갈 시간이 없다. 설혹 시간이 있더라도 민원의 현장에 나타나는 것은 위험하다. 감사 대상이 될 수 있기 때문이다.

물론 정부에는 의견 수렴 절차가 있다. 이해관계자 의견을 수렴한다고 각종 유관 경제단체에 공문을 보내서 의견을 구하는 게 관행이다. 그런데 경제단체가 과연 현장 기업이나 민원인들의 애로를 구구절절 절실하게 정리해서 보내 줄 수 있을까? 경제단체 관계자들도 아주 특별한 경우가 아니면 현장에 가지 않는 것은 마찬가지다. 이들도 현실의 애로를 잘 모른다는 말이다. 기업을 대변해서 정부에 의견을 낸다면서 헛발질하는 경우도 적지 않다는 말이다.

현장에 가지 않으면, 현장의 절실한 애로를 청취할 수 없다. 그리고 현장의 목소리가 반영되지 않았다면 이해관계자의 의견 수렴 절차는 생략한 것이나 마찬가지다. 역시 현장 방문이 지름길이다.

모든 규제를 만들거나 고칠 때 규제의 이해당사자들을 참여시키는 것은 민주적 행정의 기본 중의 기본이다. 규제가 절차적으로 하자가 있는가, 없는가를 판단하는 중요한 기준의 하나가 이해관계자 의견 수렴 절차를 '제대로' 거쳤는지 여부다.

여기서 '제대로'라는 표현은 무엇을 말하는가? 예를 들어 희귀난치병 연구와 관련한 생명윤리법 개정 이슈가 있다고 하자. 이때 이해관계자는 생명이라는 윤리적 명제를 내세워 생명공학 연구에 반대하는 시민단체가 있을 수 있고, 실제로 희귀난치병을 앓고 있는 환우들 혹은 그들이 모인 단체가 있을 수 있다. 그런데 의견 수렴 절차에서 둘 중 하나가 배제된 채 규제가 입안된다면 우리는 민주적 의견 수렴 절차를 거쳤다고 말할 수 없다.

실제로 이런 불완전한 의견 수렴은 정부나 국회의 규제 입안 과정에서 자주 벌어진다.

한 가지 사례를 보자. 2018년 정부와 당시 여당이 중심이 돼 '택시 카풀 사회적 대타협기구'를 출범시켰다. 이 기구에 초대받은 이익단체들은 전국

택시운송사업조합연합회, 전국개인택시운송사업조합연합회, 전국택시노동조합연맹, 전국민주택시노동조합연맹 등 택시 4단체와 카카오 모빌리티 등 3개 모빌리티 회사뿐이었다. 정작 택시를 이용하는 승객, '타다' 서비스를 이용하던 소비자들은 초대받지 못했다. 사회적 대타협 기구가 이익집단들끼리 서로 나눌 이익을 조정하는 회의로 전락하고 말았고, 실제 그 이익의 원천을 제공하는 소비자들의 목소리는 제대로 반영되지 않았다.

의견 수렴 절차를 반드시 거치라는 요구는 바로 이런 직접 이해당사자들의 애로를 빠짐없이 듣고 해결책을 강구하라는 말이다. 이렇게 해야 현장에서 작동하는 좋은 규제를 만들 수 있다.

규제에 진리가 하나 있다. "우리의 문제는 현장에 답이 있다." 즉 '우문현답'이다. 의견 수렴이라 함은 부처 회의실에 전문가 몇 명 초청해서 진행하는 것이 아니다. 현장에 가서 현장의 목소리를 들어야 답을 찾을 수 있다.

우리가 주목해야 할 점은 현장의 목소리를 듣는 것이 과거에는 시간과 노력을 많이 투자해야 하는 일이었으나, 이제는 아니라는 사실이다. 비대면 수단으로 현장에 물리적으로 가지 않더라도 현장의 실무자들을 만나서 의견을 들을 수 있다. 아니면 인공지능(AI) 조사원을 현장 실무자와 연결시켜 현장실무자가 민원을 쏟아 내면 인공지능이 이를 분석해서 요약 보고서까지 만들도록 할 수도 있다. 아무리 많은 실무자와 인터뷰를 진행해도 AI 분석관은 이를 모두 취합해서 정리해 낼 수 있다.

4차 산업혁명 시대에는, 적어도 규제와 관련해서는 더 많은 피규제자의 의견을 듣는 직접민주주의가 가능한 것이다.

규제 직접민주주의를 실현하다: 프랑스 디지털공화국법 사례

2016년 10월, 프랑스에서는 디지털공화국법이 공포됐다. 디지털공화국법은 4차 산업혁명 시대, 미래 사회의 자유와 평등의 규범, 데이터의 유통과 혁신, 경제 성과와의 조화라는 측면에서 프랑스가 제도를 어떻게 정비해 나갈 것인가를 내용으로 하는 중요한 법률이다. 흥미로운 것은 이 법의 제정 과정이다. 디지털민주주의로 일컬을 만한 혁신적 시도가 있었기 때문이다.

프랑스에서는 이 법률을 위해 5천 명의 시민과 기관으로부터 1만 7,678건의 의견을 수렴했다. 기계학습과 데이터 분석을 적용해 이들 의견을 분석해 법안에 반영했다. 몇 명의 공무원이나 전문가의 능력으로는 불가능한 막대한 자료 처리 방법을 활용한 것이다. 각 법률 조항에 대해서는 2만 명 이상의 시민, 기업, 기관이 참여해 14만 7천 건의 투표가 실시됐다. 동시에 8천여 건의 대안도 접수됐다.

전통적인 사무관리 방식으로는 불가능한 일을 해 낸 것이다. 규제의 대부분은 법령을 만드는 데에서 출발한다. 우리나라도 중요하고 논쟁이 많은 규제만이라도 서둘러 만들 것을 고민할 것이 아니라, 디지털 수단을 활용해 최대한 많은 국민의 의견을 듣고 분석함으로써 국민 대다수가 만족하는 규제 방안을 고안하는 프랑스의 방법론을 고려할 시점이다.

규제개혁 시민행동 가이드 4

우리는 의견 수렴 절차를 말할 때 국회에서 법안을 만들기 직전에 실시하는 공청회나 정부 부처가 경제단체에 보내는 의견 제출 요구 등을 생각하는 경향이 있다. 그런데 사실 기업을 못살게 구는 많은 규제는 법이나 시행령이 아니라 고시(告示)나 별표 등에 숨어 있는 경우가 많다. 이런 것들은 법령보다 주목도가 떨어지고, 미디어의 관심도 신통치 않다. 그러나 기업에는 이것이 킬러 규제가 될 수 있다. 생산이나 안전, 품질관리를 담당하는 직원들에게 경각심을 불러일으킬 필요가 있다. 고시 등 하위 법령의 변화에 민감하게 대응해서 규

> 제가 잘못 만들어지거나 개악되지 않도록 예의 주시하라고 당부해야 할 것이다.

6. 누구나 검증 가능한 성과 목표가 제시된 규제

　대한민국 모든 법률에는 공통된 특징이 하나 있다. 법률을 제정하는 목적은 있는데, 법률 시행으로 그 목적을 달성하고 있는지를 검증할 수 있는 성과 목표는 제시하고 있지 않다는 점이다. 그렇다고 법안 제출 때 첨부하는 입법 제안서에 그런 내용이 담겨져 있는 것도 아니다.
　「중대재해처벌법」을 보자. 제1조 목적은 "… 인명 피해를 발생하게 한 사업주, 경영책임자, 공무원 및 법인의 처벌 등을 규정함으로써 중대 재해를 예방하고 시민과 종사자의 생명과 신체를 보호함을 목적으로 한다."고 규정하고 있다.
　그러면 이 법률의 성과는 어떻게 검증할 수 있을까? 얼마나 많은 사업주, 경영책임자, 공무원 및 법인을 처벌했는가를 측정해야 할 것인가? 중대 재해를 예방한다고 했으니, 중대 재해가 전혀 발생하지 않아야 법의 목적을 달성한 것으로 봐야 하는가? 아니면 생명과 신체를 보호한다고 했으니 중대 재해로 인한 사망자가 전혀 발생하지 않아야 하는가? 이에 대한 가이드라인, 즉 검증 가능한 성과 목표가 「중대재해처벌법」에는 명시돼 있지 않다.

그러니 이 법률의 실효성(effectiveness)을 따질 수가 없다. 실효성의 사전적 정의는 "실제로 효과를 나타냄"이다. 즉, 법이 목적을 달성했느냐 여부다. 그러나 법이 얻고자 하는 효과가 무엇인지 말하지 않으니, 즉 성과 목표가 없으니 법이 목적을 달성했는지도 따질 수 없다. 실효성을 따질 수 없으니 효율성(efficiency)도 측정할 수 없다. 효율성은 목표를 얼마나 적은 비용을 지불하고 달성했는가를 판단하는 것이다.

영국 재무부의 규제정책 교과서 『그린북(Green Book)』은 규제의 성과 목표(objectives)는 SMART해야 한다고 말한다.[6] 목표는 구체적, 특정적(Specific)이어야 하며 측정 가능(Measurable), 달성 가능하고(Achievable), 현실적이며(Realistic), 시한이 설정돼야(Time-limited) 한다는 것이다(상자글 참조).

우리가 검증 가능한 성과 목표라고 말할 때, 그 교과서적인 정의는 그린북의 SMART 목표와 같다고 말할 수 있다. 규제의 가치는 목표를 달성할 때 실현된다. 따라서 목표 달성 여부를 따질 수 없는 규제는 존재할 이유가 없다고까지 말할 수 있다.

영국 재무부 SMART 기준으로 분석한 중대재해처벌법

「중대재해처벌법」은 일단 구체성(specific)은 갖고 있다. 방지하고자 하는 중대재해를 정의하고 있기 때문이다. '사망자가 1명 이상 발생'하면 중대 산업 재해

---

[6] HM Treasury(2022). *Green Book: Central Government Guidance on Appraisal and Evaluation*, pp. 25-26.

에 해당된다. 비록 현재는 사망자가 어느 수준인데 얼마로 줄이겠다는 수치 목표는 제시하고 있지 않지만 산업 현장에서의 사망자를 줄이는 게 목적임을 알 수 있다. 대부분 규제는 적어도 목적은 분명히 정의한다는 측면에서 구체성 요건은 통과한다.

두 번째 조건인 측정가능성에서도 이 법률은 문제가 없다. 산업 현장에서의 사망자 수는 발생 즉시 파악이 가능하기 때문이다.

그런데 세 번째 조건부터 문제가 발생한다. 달성 가능한가의 이슈인데, 이 법률은 사망사고를 얼마나 줄이겠다는 목표를 제시하지 않기 때문에 달성가능성 여부를 따질 수가 없다. 이 때문에 네 번째 조건도 충족하지 못한다. 그 목표가 현실적으로 달성할 수 있는지를 따져야 하는데, 측정 가능한 목표가 제시돼 있지 않기 때문에 현실성도 파악할 수 없다.

산업재해에서 각국이 사용하는 지표는 사고사망 만인율이다. 인구 1만 명당 산업재해 사망자 수를 말한다. 2021년 우리나라의 사고사망 만인율은 0.43이다. 중대재해법은 법의 궁극적인 목표가 사고사망 만인율을 줄이는 것이라고 명시적으로 말하지 않는다. 이것을 명시하지 않기 때문에 이것을 얼마까지 낮추겠다는 목표도 없다. 목표가 없으면 그것이 현실적인지 비현실적인지 따져 볼 수 없다.

예를 들어 2016년 우리나라 사고사망 만인율은 0.53이었다. 그것이 5년이 지난 2021년에 0.43으로 감소했다. 5년 동안 0.1포인트가 줄어든 것이다. 따라서 달성가능성만 따지면 사고사망 만인율을 2021년 0.43에서 이보다 0.1 포인트가 낮은 0.33으로 개선하는 것은 불가능해 보이지 않는다. 왜냐하면 이미 5년간 0.1 포인트를 개선시킨 통계적 경험이 있기 때문이다.

그런데 5년 동안 0.1포인트 줄인 것을 3년 안에 달성하겠다고 덤벼들면 달성 가능하지만 현실적인가 하는 의문을 갖게 된다. 0.53에서 0.43으로 감축하는 것은 18.7% 개선이다. 그러나 0.43에서 0.33으로 개선하는 것은 23.3% 감축이다. 18.7% 개선하는 데 5년이 걸렸는데, 23.3% 개선을 3년 안에 달성하겠다면 현실성이 높다고 보기 어렵다.

영국은 사고사망 만인율이 OECD 국가 중에서 가장 낮은 나라다. 호기롭게 영국 수준의 산업 안전을 달성하겠다고 말하는 것은 좋다. 달성 불가능한 목표는 아니기 때문이다.
그러나 이를 위해서는 경영주와 작업자의 인식이 개선되고, 산업 현장의 안전 관리 인력과 시설 투자, 안전 현장에 대한 정부의 감시 기능이 대폭 강화돼야 한다. 이러한 요소를 감안하지 않은 채 수치적 목표만을 제시한다면 현실적인 목표가 아니다.
예를 들어, 대통령이 우리나라의 1인당 GDP를 미국 수준으로 끌어올리겠다고 공약한다고 가정하자. 물론 불가능하지 않다. 그러나 그것을 임기 5년 내에 달성하겠다면 '혹세무민'한다고 욕을 먹을 것이다.
바로 이 대목에서 '시한 설정(time-limited)'의 이슈가 제기된다. 목표를 달성할 시점을 명확히 해야 한다는 것이다. 그 시점을 명확히 해야 현실성도 파악할 수 있다.

빈용기보증금 제도는 성공한 규제인가?

규제학자들이 모인 규제학회는 학술지 「규제연구」를 정기적으로 발간한다. 지난 2019년 12월 호에는 흥미로운 논문이 게재됐다. 김대진, 임재진 교수가 쓴 "빈용기보증금 제도 개선의 효과분석"이 그것이다.
빈용기보증금제도는 「자원의 절약과 재활용 촉진에 관합 법률」 개정에 따라 소주병 등 가정용 빈 용기의 반환을 촉진하기 위해 도입됐다. 빈용기보증금을 용기 제조원가의 70% 수준으로 인상하고, 소비자가 빈 병을 반환할 때 돌려주는 내용이다. 일반 국민들에게는 빈 병 보증금으로 더 잘 알려져 있다.
정책 목표는 분명했다. 빈병 회수율을 높이는 것이다. 두 학자의 분석에 따르면, 2017년 1월 1일 시행 이후 가정용 빈병의 회수율이 증가하고 그 추세가 계속되고 있었다. 그렇다면 이제도는 성공한 규제인가?
두 학자의 평가를 그대로 옮겨 보자.
"일반적으로 평가적 정책분석에서는 사전 목표 대비 실적으로 정책의 효과성을 평가하게 되는데 2017년 빈용기반환보증금 인상의 정량적 목표는 공식 자료에 의해서 명확하게 제시된 바는 없다. 다만 독일, 캐나다 등 반환율이 높은 국가들의 원가 대비 반환보증금 수준(원가의 70%)으로 반환보증금을 인상했다는 점에서 대략 3% 정도의 반환율 상승이 암묵적인 목표라 할 수 있는데 연구의 결과는 반환율 상승이 이에 다소 못 미치는 수준임을 보이고 있다."
요약하면, 첫째 검증 가능한 목표를 제시하지 않았기 때문에 성공한 규제라고 말할 수 없으며, 둘째, 선진 사례와 비교해 볼 때 반환율 상승폭이 낮다는 것이다.[7]

규제개혁 시민행동 가이드 5

정부가 기업활동과 관련한 새로운 규제 법령안을 발표하면, 규제가 달성하려는 목표가 검증 가능한지, 즉 목표가 SMART 요건을 제대로 갖췄는지 살펴보자. 규제에 대한 무조건적인 반대보다는 그 규제의 무엇이 어떻게 잘못됐다는 논리적 설득이 대중을 움직이고 공무원들을 압박할 수 있는 유효한 수단이 될 수 있다. 「중대재해처벌법」 논의 과정에서 당연히 제기해야 했던 목소리는 "법의 목적이 처벌에 있는가? 중대 재해를 실질적으로 줄이는 데 있는가?" 하는 비판이었다. 법을 만든 국회에서는 "둘 다"라고 말했을 것이다. 그러나 감축 목표가 없었다. "감축 목표도 제대로 만들지 않았으니, '처벌'에 방점을 둔 규제"라는 목소리가 당연히 제기됐어야 했다.

7. 다른 규제와 유사하거나 중복되지 않는 규제

"오른손이 하는 일을 왼손이 모르게 하라." 성경의 한 구절이다. 이 구

---

[7] 김대진·임재진(2019), "빈용기보증금 제도 개선의 효과 분석," 「규제연구」 제28권 제2호, p.25.

절은 선행을 베풀 때 스피커에 대고 자랑하지 말라는 뜻이다. 그런데 한국 정부는 국민을 옥죄는 규제를 만들 때 이를 철저히 지킨다. "우리 부처가 하는 일을 다른 부처가 알지 못하게 하라." 그 결과는 시민과 기업들이 동일 사안에 대한 여러 부처의 유사 중복규제 때문에 고생하는 일이다.

유사 중복규제 문제가 심각한 분야는 환경, 안전, 그리고 기업 경영에 대한 정부의 간섭 부문이다(아래 상자글 참조). 동일한 사안에 대해 이 부처 저 부처에서 서로 협업하지 않은 채 규제를 쏟아 내니 기업들은 시간·비용·인력 부담이 점점 늘어난다.

환경, 기업 경영, 안전 분야가 유사 중복규제 지뢰밭

한국경제연구원이 2015년 발간한 「기업활동 관련 중복규제의 현황분석과 정책과제」 보고서[8]를 보자. 이 보고서는 매출 기준 300대 기업에 대한 중복규제 인식조사와 대한상공회의소, 전국경제인연합회, 한국무역협회, 한국경영자총협회, 중소기업중앙회, 한국상장회사협의회 등에서 개선을 요구한 과제 등 총 169건의 중복규제개선 요구 내용을 분석한 결과다.

조사 결과 중복규제가 가장 많은 분야는 환경(17.9%), 경영구조 및 지배구조(15.8%), 산업 안전(10.5%)이었다. 중복규제의 유형은 인허가 기준/시설 기준과 검사보고 지도 점검, 인허가 절차 등에서의 중복 의무 부과라는 응답이 절반(46.9%)에 달했다. 환경 규제의 경우 3개 이상 중앙부처가 관여하는 규제가 18.8%에 달했으며, 3개 법령 이상 적용 규제가 31.3%였다. 산업 안전의 경우는 3개 이상 중앙부처 규제가 12.5%, 3개 법령 이상 적용이 18.8%에 달했다. 이 보고서에서 특히 놀라운 점은 동일 부처 내에서의 중복규제가 42.6%에 달

---

[8] 양금승(2015), "기업활동 관련 중복규제의 현황분석과 정책과제," 한국경제연구원, 「정책연구」, pp.15-24.

> 했다는 점이다. 예를 들면 산업단지 준공검사를 완료했음에도 불구하고 같은 부처에서 산지 복구 준공검사를 별도로 요구하는 식이다.
> 그렇다면 중복규제의 폐해는 무엇인가? 가장 큰 것은 '시간·비용·인력 추가 부담으로 인한 기업 경쟁력 저하'(30.7%)였다. '법규 해석을 둘러싼 불필요한 갈등 유발'(17.2%), '상충되는 정책 집행으로 사업활동 혼선 및 지연'(15.2%), '신규 투자 기회 상실 등 정상적인 기업활동 차질'(10.2%), '기업 역량 분산'(10.2%) 이 뒤를 이었다. 한마디로 시간 낭비, 돈 낭비, 투자 기회 상실이다.

그 때문에 김대중 정부 이후 역대 모든 정부가 유사 중복규제개선을 규제개혁의 주요 과제로 추진했다. 그러나 성과는 제한적이었고 경제단체의 이 분야에 대한 만족도는 20% 수준에 불과했다. 도대체 왜 우리 정부는 이 분야에서 한 걸음도 나아가지 못하고 있는가?

유사 중복규제는 다수의 부처가 동일한 사안에 대해 각자 자기 부처의 관점에서 필요한 사항들을 규제하는 과정에서 생겨난다. 따라서 유사 중복규제를 개선하려면 중복규제 이슈 사안에 대한 범부처 차원의 현황 확인, 주무 부처의 관점을 넘어선 범부처 차원의 일관된 정책 목표 설정, 이를 조율하는 조정 권한을 가진 조정 기구의 직접적이고 지속적인 개입이 반드시 필요하다.

안타깝지만, 우리나라 규제개혁 추진 과정에서 이런 조건을 충족하는 유사 중복규제개선 노력은 확인할 수 없다. 어느 정부도 유사 중복규제개선을 실제로 추진할 수 있는 권한과 역량을 갖춘 부처나 기구를 지정하지 않았으며, 중복규제 현황을 전체적으로 파악하는 유사 중복규제 백서를

내놓지 못했다.[9]

수도권 규제로 가장 많은 피해를 보고 있는 지방자치단체는 경기도다. 경기도는 매년 '경기도 규제지도'를 발간한다. 경기도의 각 시·군·구에 난마처럼 얽혀 있는 규제 현황을 한눈에 보여 준다(아래 상자글 참조). 그런데 정부는 경기도 규제지도 수준의 전국 단위 분석 결과조차 내놓지 않고 있다. 119개 법령, 311개에 달하는 지역-지구에 존재하는 토지 이용에 관한 중복규제가 구체적으로 어떤 법령, 행정규칙, 지방 조례에 근거하고 있으며, 서로 얼마나 유사하고 중첩적인지, 지역-지구 중심의 토지 이용 규제가 현재의 시점에서 과연 타당한지 분석한 백서는 없다. 환경 규제도 그렇고 산업 안전 규제도 그렇고, 금융과 관련한 금융 당국과 경쟁 당국의 이중 규제, 건설업 칸막이 규제 등도 마찬가지다.

> **경기도의 규제 중첩지도**
>
> 경기도는 매년 '경기도 규제지도'를 발간한다. 여기에 인용한 것은 2021년판이다. 줄기차게 1년에 한 번씩 규제지도를 발간해 토지 이용에서의 중복규제로 인한 어려움을 호소한다. 그러나 개선되는 것은 별로 없다.
> 2016년과 2021년 5년간의 변화를 살펴보면 「수도권정비계획법」에 의한 규제 면적은 오히려 20㎢ 늘었다. 전체 도 면적의 21%에 해당하는 팔당특별대책지역은 그대로다. 군사시설보호규제 면적이 2,259㎢로 122㎢(5.2%) 축소되고, 개발제한구역이 3,861㎢에서 3,837㎢로 0.6% 감축됐을 뿐이다.

---

9) 이민창(2017), "우리나라 규제개혁 추진 과정에 관한 고찰:규제개혁 거버넌스와 민관협력 성과를 중심으로," 「한국거버넌스학회보」 제24권 제1호.

> 중첩 규제 수를 지역별로 보면 광주시, 양평군, 남양주시 일대는 4개 이상의 중복규제를 적용받고 있으며, 수도권에서 가까운 대부분 시·군·구는 3개 이상의 규제로 토지 이용을 제한당하고 있다.
> 사실 국토 이용에 관한 규제는 수도권이 특히 더 중첩적이지만 그렇다고 수도권만의 문제가 아니다. 2021년 국토연구원 분석에 따르면, 15개 부처와 16개 시·도에서 119개의 법령으로 311개 지역-지구를 전국적으로 운영하고 있다.[10] 토지 이용이니 국토교통부나 산림청, 농림축산식품부, 환경부, 해양수산부 법령만 잘 살펴보면 된다고 생각하면 오산이다. 교육부, 문화재청, 문화체육관광부, 보건복지부, 산업통상자원부, 중소벤처기업부도 관계 법령을 갖고 있다.
> 국토연구원은 이 보고서에서 경기도의 225개 지역-지구에서 유사한 토지 이용 규제가 5만㎡ 이상 공간으로 중첩되는 지역-지구 19개를 확인할 수 있었다. 유사한 규제가 중첩적으로 적용되는 유의미한 크기의 행위 제한 지역-지구가 19개에 달한다는 뜻이다.

 현실을 제대로 파악하지 못하고 있는데 어떻게 유사 중복규제를 해소할 수 있겠는가? 더욱 큰 문제는 새로운 규제를 만드는 과정에서도 기존의 규제와 중복되지 않는지, 유사한 다른 규제가 이미 존재하는지 제대로 검증하지 않는 점이다. 「중대재해처벌법」이 꼭 필요했는가? 필요하면 「산업안전보건법」을 개정하면 해결할 수 있지 않았을까? 유사 중복규제 해소의 관점에서 본다면 충분히 제기할 수 있는 이슈다.
 「중대재해처벌법」은 6개월마다 안전 관계 법령의 준수 여부를 점검하도

---

[10] 허용·김미정(2021), "'토지이용규제 제도개선을 위한 유사규제 지역-지구 등 분석방법'," 「국토연구원 국토정책 브리핑」 No. 847. 이 밖에도 지방자치단체가 운영하는 지역 지구가 400개 더 존재한다.

록 의무화하고 있다. 그런데 이 법률 어디에도 의무적으로 점검해야 할 안전보건 관계 법령 리스트는 없다(아래 상자글 참조). 그러니 법을 만들면서 다른 안전보건 관계 법령을 제대로 검토하지 않았을 것이라는 합리적 의심이 가능하다.

> **한국에 안전보건 관계 법률은 몇 개?**
>
> 울산세이프티라는 산업안전 종사자 오픈 채팅방에서 3천여 명의 회원이 참여해 산업안전보건 관련 법령을 하나하나 찾아봤다. 총 75개의 법률이 집계됐다.[11] 법률이 75개라면 시행령, 시행규칙까지 포함하면 최소한 225개 이상의 관련 법규가 존재한다는 해석이 가능하다.
>
> 울산세이프티가 이 같은 조사를 실시한 이유는 「중대재해처벌법」을 준수하기 위해서다. 이 법률에는 '안전보건관계법령'을 준수하고(제9조 4항), '안전보건 관계 법규'의 이행 여부를 반기 1회 이상 점검(시행령 제9조 2항1) 하도록 규정하고 있다.
>
> 문제는 이 법 어디에서도 준수해야 할 안전보건 관계 법령이 무엇인지 명시하지 않았다는 점이다. 이 상태로 법이 시행되자, 법규 미준수 시 받게 될 처벌이 목전에 임박한 피규제자들이 직접 준수 의무를 이행해야 하는 법률을 찾아본 것이다.
>
> 그 결과 확인된 사실은 「중대재해처벌법」의 대상이 되는 피규제자들이 법을 엄정히 준수하려면 반기 1회 75개 법률의 이행 여부를 점검해야 하는 상황이라는 것이다. 75개 법률과 이에 따른 시행령, 시행규칙, 고시 등의 이행 여부를 점검하는 데 들어가는 기업의 행정 부담은 얼마나 될까?
>
> 피규제자의 입장에서 과도한 규제 준수 비용이 수반되는 규제가 시행되면 민간은 규제를 준수하기 위해 노력하기보다는, 규제 미준수로 인한 적발의 확률

---

11) https://ulsansafety.tistory.com/3763. 울산세이프티는 76개를 파악했으나, 아직 입법화되지 않

> 과 처벌의 수준이 감내할 만한 정도라고 판단하면 규제 이행을 아예 포기하는 결정을 내릴 수 있다. 정부가 모든 기업을 감독할 수 없으니 차라리 운에 맡기겠다는 생각인 것이다.
> 그렇게 되면 규제는 엄청난 사회적 비용만 유발한 채 사고가 발생해 사회적 이슈로 부각될 때만 적용되는 사실상 사문화된 법규가 되고 만다.

이러한 관행은 사라져야 한다. 새로운 규제를 만들 때는 기존 법규를 빠짐없이 검토해서 유사한 규제가 존재하는지 검증하고, 중복을 피하거나 가급적 기존 법령을 고치는 것으로 대체해야 한다. 경우에 따라서는 법규를 과감히 통폐합해서 간단명료하고 단순하게 정리해야 한다.

가장 쉽게 규제의 중복성, 유사성을 검증하는 방법은 아마도 피규제자에게 묻는 것일 수 있다. 새로운 규제 내용이 기존 규제와 무엇이 어떻게 다른지, 규제 준수에 어떤 애로 사항이 예견되는지 피규제자에게 자문을 구하는 것이다. 규제개혁위원회의 규제 심사 과정에서 부처가 중복성을 제대로 검증했는지 여부를 피규제 기업에 직접 교차 검증할 수도 있을 것이다.

새로운 디지털 기술을 활용하는 방법도 생각해 봐야 한다. 인공지능(AI) 기반 검색 시스템을 개발하면 연관어 검색만으로 유사 중복규제를 찾아낼 수 있을 것이다.

잊지 말자. 부처가 아무리 많고 기능과 역할이 다르더라도 국민의 눈에

은 건설안전특별법은 제외했음.

정부는 하나일 뿐이다. 규제에 관한 한 정부는 동일체다.

그렇다면 이러한 유사 중복규제를 어떻게 해소할 수 있을까? 먼저 새로 만들어지는 유사 중복규제는 국회와 정부의 규제 심사 프로세스를 바로 잡아서 해결할 수 있다. 유사 중복규제의 내용을 법률 제안자나 행정 규제 제안자가 상세히 파악해서 보고하게 하고, 이를 검증하는 프로세스를 도입하는 것이다. 문제는 현재의 유사 중복규제를 어떻게 해결할 것인가 하는 점이다.

문제를 해결하기 위해서는 범부처 차원의 유사 중복규제 백서를 작성하고, 부처 간 협의를 거쳐 법률 및 행정규칙의 통폐합, 조문 조정 등의 작업을 실행에 옮겨야 한다. 꼭 해야 하지만 적지 않은 시간과 노력을 투입해야만 가능한 일이다.

따라서 가장 현실적인 대안 중 하나는 유사 중복규제를 묶어 집행기관을 일원화하는 것일 수 있다. 예를 들면, 토지 이용 규제와 관련한 국토교통부, 산업통상자원부, 환경부, 문화재청 등 모든 부처의 법령, 행정규칙 집행 권한을 단일 집행기관에 맡기는 것이다. 이렇게 하면 최소한 국민이나 기업이 여러 부처를 상대하면서 낭비하는 시간과 노력, 돈은 절약할 수 있다.

일단 집행부터 통합시킨 후 실제 현장에서 각 부처의 규제를 운영하는 과정에서 무엇을 어떻게 고쳐야 하는지 현실적인 대안을 찾아내도록 할 수 있을 것이다. 이미 영국은 산업안전 규제와 관련한 단일 집행조직으로 Health & Safety Executive를 성공적으로 운영하고 있다.

우리나라에서도 사례가 없는 게 아니다. 식품의약품안전처와 농림축산

식품부가 각각 일반 식품과 축산식품에 대한 해썹(HACCP) 인증을 따로 운영했으나, 농림축산식품부가 식육 제품에 대한 법규는 그대로 관리하면서 인증관리는 식품의약품안전처로 일원화한 사례가 있다.

규제개혁 시민행동 가이드 6

유사 중복규제 문제를 정부가 스스로 알아서 해결하기를 바라는 것은 언감생심일 수 있다. 지난 25년간 성과가 없었으면 정부가 이 분야를 개선하는 데 무능하다는 말이다. 그러면 기업은 어떻게 대응할 수 있을까? 모든 기업은 업종별 협회 및 단체에 가입해 있다. 업종별 협회 및 단체를 활용하면 어떨까? 단체 내에 유사 중복 규제 검증팀을 만들라고 요구하고, 기업들이 정보를 제공해 백서를 만드는 것이다. 결과를 갖고 기자회견을 열어 발표하고, 국회와 정부에 민간의 규제개선 청구권을 행사하면 어떨까? 이런 시도가 쉬운 것은 아니다. 소관부처의 보복이 있을 수 있기 때문이다. 협회 및 단체의 임원 대부분이 전직 관련 부처 공무원인 한계도 있다. 그러나 언제까지 당하고만 있을 것인가? 유사 중복규제 실태를 파악하고 이것이 기업에 주는 부담을 숫자로 표현하면 감사원에 감사 청구도 할 수 있을지 모른다.

---

8. 규제 이외 다른 대안이 없어 도입된 규제

규제는 기업과 시민들의 바람직한 행동을 유도함으로써 공공의 이익을 증진시킬 목적으로 만들어진다. 그 목적을 달성하는 수단은 대체로 세 가지로 분류할 수 있다.

첫째가 명령 지시적(command and control) 직접규제다. 해야 할 행동과

하지 말아야 할 행동을 정부가 정하는 것이다. 정부가 시장 참여 자격을 규제한다면 이 범주에 속한다. 예를 들어 자격증을 갖추지 않으면 특정 업무에 종사할 수 없게 하는 것, 기업이 만드는 모든 제품에 대해 안전 인증을 취득하도록 하는 것이 명령 지시적 규제다. 시민의 안전을 확보한다는 명분으로 제품 하나하나의 안전 요건을 만들고 제조업자들이 이를 준수하도록 하기도 한다. 바로 표준 설정(standard setting)이다.

이런 명령 지시적 규제의 역사는 인류 역사와 함께했다. 인류의 가장 오래된 법전인 함무라비 법전에는 부부가 이혼할 때는 결혼 당시 신부가 가지고 온 지참금을 남편이 아내에게 되돌려 줘야 한다는 조항이 있다. 이것도 정부가 이혼 시 재산분할 방식을 명시한 명령 지시적 규제다.

함무라비 법전은 눈에는 눈, 이에는 이라는 조문이 있다. 누군가 당신의 눈을 실명시키면 당신은 그의 눈을 실명시킬 수 있다. 현대적인 기준으로는 매우 야만적인 규제라 할 수 있지만, 이 법은 당시 만연하던 비대칭적 복수, 예를 들어 눈을 잃고 상대방의 목숨을 빼앗는 것을 금지하는, 당시로서는 매우 선진적인 규제였다. 비례성의 원칙에 충실한 조문이었다고 말할 수 있다.

세계 최초의 도로교통법이라 일컬어지는 영국의 적기조례법(붉은깃발법, 1865)도 자동차 운행을 위해서는 세 명을 고용하도록 강제하고, 속도를 제한하는 명령 지시적 규제였다.

명령 지시적 규제의 가장 큰 문제점은 규제자가 기업과 시민의 규제 준수 여부를 일일이 감시해야 한다는 것이다. 예컨대 1%의 이탈자를 잡기 위해 100%를 모두 감시해야 한다. 따라서 명령 지시적 규제에서는 집행 및 감시에 막대한 예산을 투입해야 한다.

명령 지시적 규제의 또 다른 부작용은 규제자가 피규제자보다 규제 상황에 대한 정보가 적기 때문에 발생한다. 텔레비전의 규격을 정부가 정한다고 가정해 보자. 텔레비전의 규격과 성능을 가장 잘 아는 사람은 텔레비전을 직접 만드는 사람이지 정부가 아니다. 이때 한 텔레비전 제조사가 입법 로비를 통해 자기에게 유리한 규격이 제정되도록 한다면 경쟁 업체의 진입을 억제해 시장 경쟁을 실질적으로 배제할 수 있다. 소위 규제 포획(regulatory capture)이 일어나는 순간이다.

이러한 부작용을 해소할 수 있는 수단으로 등장한 것이 인센티브 기반 규제(incentive based regulation)다. 간접적으로 규제의 목적을 달성하고자 하는 노력이다. 인센티브 기반 규제는 규제의 목적을 달성하기 위해 처벌보다는 규제 준수의 동기를 제공하는 방식이다. 환경오염의 경우, 기준치를 달성하지 못하면 처벌하지만, 기준치 이하로 오염을 줄이면 보조금, 세금 감면 등을 통해 보상하는 방식이다. 처벌 부분은 명령 지시적 규제지만 보상 부분은 인센티브다.

쓰레기 종량제 성공 사례

쓰레기 종량제는 인센티브 기반 규제의 좋은 예다. 각 가정에서 쓰레기를 버릴 때는 반드시 종량제 봉투에 담아 버리도록 하는 것이다. 종량제 봉투를 사용하지 않는 쓰레기 투기에는 1백만 원의 벌금이 부과된다. 벌금에 비해 종량제 봉투 값은 매우 저렴한 수준이다. 종량제 봉투는 가정에서 가장 많이 쓰는 10리터 봉투의 경우 300원 미만이다. 300원에 투자할 것인가 벌금 1백만 원의

> 위험을 감수할 것인가?
> 쓰레기 종량제는 가장 성공한 규제설계 중 하나다. 종량세 실시 후 쓰레기 수거량이 즉각적으로 20% 줄었다. 재활용 쓰레기를 분리 배출함으로써 정부의 쓰레기 처리비용도 감소했다.

시장 기반 규제(market harnessing regulation)도 명령 지시적 직접규제의 좋은 대안 중의 하나다. 시장의 메커니즘을 활용해서 규제의 목적을 달성하고자 하는 방식이다.

배출권 상한 및 거래제도

가장 성공적인 시장 기반 규제로는 산성비의 원인이 되는 이산화황(Sulfur dioxide: SO_2)과 질소산화물(Nitrogen oxides: NOx)의 배출량을 줄이기 위해 미국 환경청이 1995년 도입한 배출권 상한 및 거래제도(Cap and Trade)를 예로 들 수 있다. 산성비 프로그램(Acid Rain Program)이다.

발전소가 배출할 수 있는 이산화황과 질소산화물의 상한을 정하고 목표보다 적게 배출했을 경우 이를 목표 미달 발전소들에게 매각할 수 있도록 조치했다. 목표량을 정부가 정한다는 점에서는 명령 지시적 규제다. 그러나 투자와 혁신을 통해 목표를 초과 달성할 경우 초과 달성분을 시장에서 매매할 수 있다는 측면에서 시장 기반 규제다.

미국 백악관 관리예산처(Office of Management & Budget)는 2003년 한 보고서에서 미국 환경보호처(화이트 하우스의 장관급 직속 기구)의 산성비 프로그램은 미국 정부가 지난 10년간 실행한 규제 프로그램 중 공중보건에 최대의 혜택을 가져다준 프로그램이라고 평가했다. 비용과 혜택의 비율이 1대 40, 즉 혜택이 비용보다 40배나 높은 것으로 분석됐다. 배출권 상한제는 이후 전 세계 각국의 환경 보호 규제의 모범으로 자리 잡았다.

정부가 시장실패의 문제를 시장 경쟁을 촉진하는 방법으로 해결하는 것도 시장 기반 규제의 한 종류다. 예를 들어 독과점 폐해가 드러날 경우, 정부는 독과점 행위 하나하나를 명령 지시적으로 규제하는 방법을 택할 수 있다. 또 다른 해법은 시장에서의 경쟁을 촉진시키는 것이다. 새로운 경쟁자의 진입을 유도함으로써 독과점 행위를 억제할 수 있다.

정보 공개도 한 방법이다. 식품 원료와 영양 성분에 대한 정보를 보자. 정부가 모든 식품에 대해 원료 하나하나의 독성과 탄수화물, 나트륨, 지방, 당류, 콜레스테롤 등 영양 성분을 분석해서 규제하는 것은 불가능하다.

그래서 미국 정부는 식품에 사용해서는 안 되는 원료만을 지정해서 사용을 금지시키고 나머지 원료는 자율적으로 사용하되 그 내용을 포장재에 표기하도록 하고 있다. 영양 성분도 식품회사가 자체적으로 분석해서 표기한다. 원료와 영양 성분에 대한 정보를 공개하게 한 후 어떤 제품을 선택할 것인지는 소비자들이 결정하도록 하는 것이다.

정부는 민간 협회·단체를 통한 민간자율 규제 방식도 광범위하게 활용한다. 변호사 사무실을 개설하려면 법무부가 아니라 민간단체인 변호사협회의 허가를 받아야 한다. 정부의 권한을 민간에 위임한 형태다.

미국은 이 같은 민간위임이 광범위하게 활용되는 나라다. 미국에 전기전자 제품, 기계류를 수출하기 위해서는 UL(Underwriters Laboratory) 인증을 받아야 한다. 1894년 미국 최초의 제품 안전 시험 및 인증기관으로 설립된 UL Solutions은 비영리법인이다. UL 마크는 미국의 국가 인증으로 간주되나 국가기관이 아닌 민간기관이 발급하는 것이다.

한국의 UL 마크 격인 KC 마크는 국가 강제 인증이다. KC 마크가 없으면 국내에서 물건을 팔 수 없다. 그러나 미국에서는 UL 마크가 없어도 시장에 진입할 수 있다. 다만 물건을 판매해 주는 유통 회사들이 우리 회사에 물건을 납품하려면 UL 마크를 받아 오라고 말할 뿐이다. 국가가 아니라 민간이 그 권위를 인정해 주는 마크인 셈이다.

민간 인증을 활용할 경우 가장 큰 혜택은 인증 관련 서비스 산업이 발달한다는 것이다. 미국이 서비스 대국인 이유 중 하나다.

규제를 설계할 때 공직자들은 명령 지시적 규제를 최후의 수단으로 인식해야 한다. 더 적은 비용, 즉 더 적은 국민의 세금을 사용해서 정책 목표를 달성할 수 있는 방법을 찾아내야 한다. 명령 지시적 규제는 그 모든 다른 수단이 적용 불가능할 때 의지할 수 있는 마지막 수단이어야 한다.

미국과 한국의 식품안전관리 비교

한국은 식품안전관리를 국가가 책임진다. 2022년 현재 식품 인증 9,937개, 축산물 인증 15,268개, 통합 인증 61개 등 총 25,266개에 달하는 식품업소가 만들고 유통시키는 제품이 식품안전관리 시스템에 따라 제대로 만든 제품이라는 것을 식품의약품안전처 산하 식품안전관리인증원이 국가 인증(HACCP 인증)으로 보장한다.

이에 반해 미국 정부는 식품안전관리 프로그램(HACCP Program)이라고 말하지 식품안전관리 인증(HACCP Certification)이라고 말하지 않는다. 식품포장재에 찍혀 있는 HACCP 인증 마크도 모두 제각각이다. 국가 인증이 아니기 때문에 표준적인 인증 마크가 없다.

따라서 미국 식품포장재에 HACCP 인증 마크가 찍혀 있다고 "국가가 이 제품의 안전을 보증한다"고 생각하면 오산이다. 컨설팅 회사의 도움으로 국가가 권고하는 HACCP 프로그램을 제조 공정에 도입해서 만든 제품이라고 생각하면 된다. 인증은 국가 인증이 아니라 컨설팅 회사의 인증일 뿐이다.
그렇다면 미국 식품의약국(Food and Drug Administration: FDA)은 식품 안전을 어떻게 확보하는가?
제조업체를 직접 방문 조사해(inspection) HACCP 프로그램을 이행해야 하는 제조사가 실제로 그것을 제대로 운영하고 있는지를 평가하고, 미진한 부분이 있으면 개선을 권고한다. 시민 안전에 중대한 위협을 주는 위반 사항을 발견할 경우에는 곧바로 판매 중지를 명령하지만, 그렇지 않은 경우는 무엇을 어떻게 개선하라고 상세히 안내한다. 물론 일정한 기한을 정해 주고 그 기한이 지나면 또다시 찾아와 이행 여부를 점검한다.
위반 사항이 있다고 벌금을 부과하는 등 즉각적인 징계를 하는 것이 아니라 그것을 시정할 수 있는 기회를 준다.

대안은 대안다워야 한다

영국 정부의 규제 교과서 역할을 하는 『그린북(Green Book)』은 규제를 설계할 때는 반드시 복수의 대안을 마련하도록 요구한다. 그것도 Long List 단계와 Short List 단계로 나눈다. 가능한 대안을 모두 열거하는 게 Long List 단계다. 그다음에 각 대안의 타당성과 현실성 등을 고려해 최종적으로 검토할 Short List를 만든다.
우리가 복수의 대안을 말할 때는 Short List를 말한다. 한국의 규제영향분석 지침은 적어도 3개의 대안을 최종 검토하도록 요구하고 있다.
문제는 제시된 대안의 타당성이다.
규제의 내용을 정해 놓고, 즉 최종안을 만들어 놓고, 다른 대안을 검토했다는 것을 입증하기 위해서 곁다리로 별로 설득력 없는 대안 2개를 만들어 규제영향분석서를 제출하는 경우가 적지 않다.
복수의 대안에서 중요한 것은 어떤 대안을 적용하더라도 규제의 목적을 달성할 수 있는 '유효한' 대안이어야 한다는 점이다.

모든 규제영향분석서가 엉터리 대안을 대안이라고 제시하는 것은 아니다. 2014년 돼지고기 이력제에 관한 규제 도입 논의가 있었다. 귀표(귀에 인식표를 다는 것)와 전자칩 이식이 유력한 대안으로 제시됐다. 언뜻 보면 당연히 전자칩을 돼지에 이식하는 게 멋있어 보이고, 확실한 통제 수단인 것처럼 보인다. 그러나 규제비용을 분석해 보니, 전자칩 이식은 편익에 비해 비용이 너무 많은 대안이었다.

결국 귀표 방식으로 결정됐다. 여기서 핵심 포인트는 귀표나 전자칩 모두가 돼지고기 이력관리를 위한 유효한 대안이었다는 점이다.[12]

"대안이 대안다워야 한다"는 말은 어떤 대안이건 규제의 목표 달성이라는 측면에서는 동일한 효과가 있어야 한다는 말이다.

규제개혁 시민행동 가이드 7

현재 내가 하는 사업과 관련한 규제들을 살펴보자. 본인이 생각하기에도 규제가 있어야 한다고 생각한다면, 규제 방식의 개선을 건의할 수 있는 여지는 없는지 살펴보자. 정부가 생각하지 못한 새로운 현실적인 대안, 예를 들어 규제의 방법을 바꾼다든지, 직접적인 규제보다 간접적인 규제를 실시한다든지 대안을 제시할 수 있다면 관료들이 귀를 기울일 것이다. "규제가 필요함은 충분히 이해하는 데, 이런 방법은 어떻습니까?"라고 말하는 것이다.

9. 하면 안 되는 일만 지정하는 규제

정부가 규제를 설계할 때는 두 가지 방식을 쓸 수 있다. 하나는 네거티

---

12) 규제개혁위원회(2015). 「2014 규제개혁백서」. p.76.

브 규제 방식이고 다른 하나는 포지티브 규제 방식이다. 네거티브 규제 방식을 한마디로 표현하면 '원칙 허용-예외 금지'의 규제 방식이다. 반면에 포지티브 규제 방식은 '원칙 금지-예외 허용'의 방식이다.

만약 당신이 새로운 사업을 한다고 가정해 보자. 네거티브 규제 방식하에서 더 자유로울 것인가, 포지티브 규제 방식하에서 더 자유로울 것인가? 당연히 금지되는 행위만 하지 않으면 모든 것이 허용되는 네거티브 규제 방식이 더 유리하다. 이제까지 존재하지 않았던 새로운 비즈니스 모델이나 새로운 기술을 적용하는 혁신은 네거티브 규제 아래서 꽃피운다. 정부가 금지한 행위 이외의 모든 것이 가능하기 때문이다.

우리나라의 법체계에서 가장 큰 문제는 모든 것을 국가가 정하는 엄격한 포지티브 규제 방식이 '기본'이라는 점이다. 할 수 있는 것을 사전적으로 정해 주고, 그것만 허용하는 것이다. 즉, 국가가 허용하는 범위에서만 경제활동을 영위할 수 있다는 말이다.

우리나라가 자율주행 자동차 상용화 경쟁에서 뒤처졌던 이유 중 하나도 바로 지나치게 제한적인 포지티브 규제 때문이다. 정부가 자율주행 시험이 가능한 도로를 매우 제한적으로만 허용했던 것이다. 자율주행차 개발에서 가장 중요한 것은 주행 데이터의 확보다. 그러나 한국에서는 이용 가능한 도로가 적으니 데이터 양도 그만큼 모자란다.

이처럼 포지티브 방식의 규제는 시민 혹은 기업의 창의적 기술 개발과 새로운 산업의 형성과 발전을 저해하는 결과를 초래한다. 만약 이런 규제가 누적되고 개선되지 않으면 네거티브 방식의 규제 체계를 갖고 있는 나라의 기술 개발과 선도적 산업 영역 개척을 따라잡지 못하고 항상 후발 주자로 시장에 머물게 된다.

신재생에너지: 포지티브 규제 사례

「신에너지 및 재생에너지 개발 이용 보급 촉진법」은 제2조(정의) 1항에서 신재생 에너지의 종류를 하나하나 나열하고 있다. 가) 수소에너지, 나) 연료전지, 다) 석탄을 액화 및 가스화한 에너지 라) "그 밖에 석유, 석탄, 원자력 또는 천연가스가 아닌 에너지로서 대통령령으로 정하는 에너지"로 정의하고 있다.

이 조문에 따르면, 민간이 새로운 기술을 적용해서 새로운 에너지를 만들어 낼 때마다 시행령을 개정해서 추가하는 절차를 거쳐야만 신재생에너지로 분류되고, 이에 따른 각종 정부 지원을 받을 수 있다. 이를 좀 더 유연하게 규정해 시장에서 신기술을 개발하고 사업화할 수 있도록 하려면 위의 조항에서 가), 나), 다)를 없애고 '라'를 존치시키면서 "대통령령으로 정하는"을 삭제하고 "'석유, 석탄, 원자력 또는 천연가스로부터 직접적으로 생산하는 에너지가 아닌 형태의 에너지"라고 폭넓게 규정하는 것이다.

이렇게 하면 굳이 대통령령을 매번 개정하지 않아도 된다. 물론 정부가 탄소 배출 등 신재생에너지의 규격 기준을 제시하는 것은 필요할 수 있다.[13] 그렇다 하더라도 기준을 통과하면 대통령령으로 정하지 않아도 신재생에너지가 될 수 있기 때문에 네거티브 규제 방식을 도입한 것이 된다.

물론 법률에 신재생에너지 유형을 하나하나 나열하는 방식보다는 새로운 신재생에너지 인정 권한을 시행령에 위임한 현재의 방식이 훨씬 나은 방식이다. 법을 개정하는 것보다는 시행령을 개정하는 것이 훨씬 빠르고 쉽기 때문이다. 그러나 이 역시 행정부 내에서 소정의 절차와 협의를 거쳐 대통령령에 규정되기 이전에는 신재생에너지로 인정받지 못한다는 점에서 그다지 유연한 방식으로 보기는 어렵다.

포지티브와 네거티브 중 과연 어떤 방식이 신재생에너지 기술의 발전에 유리할

---

13) 이는 표준화와 관련된 기술규제의 영역으로 별도로 논의되는 주제다.

> 것인가? 신재생에너지뿐만 아니다. 공직자들이 규제를 만들 때마다 깊이 생각해 볼 주제다.

한국개발연구원이 한국규제학회 학자들과 공동으로 연구해 발표한 「네거티브 규제 체계 도입을 위한 타당성 검토」 보고서는 네거티브 규제 방식을 도입할 수 있는 분야를 다음과 같이 예시하고 있다.[14]

- ▶ 사상과 표현의 자유에 관한 규제
- ▶ 직업 선택의 자유에 관한 규제
- ▶ 기업의 자유와 창의에 관한 규제
- ▶ 사전 규제가 없어도 시장의 자정(自淨) 기능이 발휘될 수 있는 분야에 관한 규제
- ▶ 시장 진입에 대한 규제
- ▶ 기술의 발전 속도가 빨라 사전적 규제로는 대응이 어려운 분야의 규제

모든 규제를 네거티브 방식으로 바꾸는 것은 물론 불가능하다. 공동체의 안녕과 생명 보호, 환경, 안전과 관련한 규제들은 포지티브 방식을 불가피하게 채택해야 하는 속성이 있다. 예를 들어 상수원 보호구역에 투기

---

14) 이수일 · 원소연 · 김진국 외(2018), "네거티브 규제체계 도입을 위한 타당성 검토," 「경제인문사회연구회 미래사회 협동연구총서」, 16-28-01, pp. 42-49.

할 수 있는 오염물질을 투기할 수 없는 것만 규정하고 어떤 것이든 자유롭게 버릴 수 있도록 놓아둘 수는 없다. 그렇다고 이 분야의 규제는 모두 포지티브 규제 방식이어야 한다는 주장도 설득력이 없다.

다음 상자글에서 예로 든 화장품 원료 규제는 정부가 '안전' 분야에서 포지티브 규제 방식을 네거티브 규제 방식으로 바꾼 대표적인 예다.

근로자 권익을 증진시키기 위한 인력 파견 관련 법안에서도 한국은 「파견근로자 보호 등에 관한 법률」 제5조 시행령 별표에서 근로자 파견 대상을 하나하나 열거하고 있으나(포지티브 규제), 일본의 경우 항만운송업, 건설 업무, 경비업을 제외한 모든 업종에서 파견근로가 가능하다(네거티브 규제).

따라서 네거티브 규제 방식이냐 포지티브 규제 방식이냐를 생명·안전·환경은 포지티브, 기업활동, 기술 영역은 네거티브로 일률적으로 규정할 수는 없다. 얼마든지 생명·안전·환경이라는 가치를 실현하면서도 기업활동의 자율과 시민의 선택권을 확대하는 방향으로 네거티브 규제를 설계할 수 있기 때문이다.

규제를 입안하는 공직자들은 규제를 설계하는 단계에서부터 '네거티브 규제 방식'을 우선적으로 고려해야 한다. 네거티브 규제 방식으로는 도저히 규제의 목적을 달성할 수 없다는 논거나 증거가 제시되지 않는 한 네거티브 규제 방식을 관철해야 한다.

네거티브 규제의 기적: 조문 하나 바꾸었는데!

2012년 2월 5일 시행된 「화장품법」 전부개정안은 법 제8조 1항에서 식품의약품안전처장으로 하여금 "화장품의 제조 등에 사용할 수 없는 원료를 지정하여 고시"하도록 했다.

이전까지는 화장품에 사용할 수 있는 원료를 지정했으나 '화장품 원료 지정에 관한 규정'(식품의약품 안전처 고시)에서 '사용할 수 없는' 원료를 지정하는 방식으로 전환한 것이다.

규제 방식이 원료로 쓸 수 있는 것만 열거하는 포지티브 리스트 방식에서 쓸 수 없는 것 외에는 어떤 것이든 원료로 사용할 수 있는 네거티브 리스트 방식으로 바뀐 것이다. 결과는 화장품 산업의 비약적 발전으로 나타났다. 개정 전 3개년(2008~2001)과 비교해서 개정 후 3개년(2012~2015)은 생산 증가율이 3%포인트, 수출 증가율은 11%포인트 높게 나타났다. 반면에 수입 증가율은 5%포인트 낮아졌다.

특히 「화장품법」 개정 전후 나타난 가장 큰 변화는 화장품산업이 세계로 비상했다는 사실이다. 화장품은 전통적으로 무역적자 품목이었다. 2012년까지 수출보다는 수입이 많았다. 그러나 2013년을 기점으로 수출이 획기적으로 증가하면서 화장품은 수출 효자상품으로 자리매김했다. 무역적자 산업에서 무역흑자 산업으로 탈바꿈했다.

물론 이러한 산업적 발전을 네거티브 리스트로의 전환만으로 해석할 수는 없다. 이 당시 개정안은 화장품과 관련한 표시 및 광고에 대해서는 그것이 진실임을 입증하도록 하는 광고실증제도 함께 도입했다. 표시 및 광고의 신뢰도를 높인 것이다.

그러나 분명한 사실은 네거티브 리스트 방식으로의 전환은 이전에는 없던 새로운 개념의 다양한 신제품 출시에 물꼬를 텄고, 화장품 산업이 K-뷰티 산업으로 도약하는 계기를 제공했다는 점이다.

규제개혁 시민행동 가이드 8

「화장품법」은 지독한 규제덩어리다. 그러나 원료 규제를 네거티브 리스트 방식으로 바꾸면서, 즉 법조문 하나를 바꾸면서 산업계가 일대 전기를 맞았다. 과연 나의 사업을 규율하는 법률에 이처럼 조문하나 바꿔 산업을 활성화할 수 있는 것은 없는지 살펴보자.

사례 비교: 한국과 영국의 조건 열거형 포지티브 규제 방식

구분	영국 The Electonic Money Regulations	한국 전자금융거래법
전자화폐 정의	In these Regulations, "electronic money: means electronically (including magnetically) stored monetary value as represented by a claim on the electronic money issuer which— (a) is issued on receipt of funds for the purpose of making payment transactions; (b) is accepted by a person other than the electronic money issuer; and (c) is not excluded by regulation 3	"전자화폐"라 함은 이전 가능한 금전적 가치가 전자적 방법으로 저장되어 발행된 증표 또는 그 증표에 관한 정보로서 다음 각 목의 요건을 모두 갖춘 것을 말한다. 가. 대통령령이 정하는 기준 이상의 지역 및 가맹점에서 이용될 것 나. 제14호 가목의 요건을 충족할 것 다. 구입할 수 있는 재화 또는 용역의 범위가 5개 이상으로서 대통령령이 정하는 업종 수 이상일 것 라. 현금 또는 예금과 동일한 가치로 교환되어 발행될 것 마. 발행자에 의하여 현금 또는 예금으로 교환이 보장될 것

위의 표는 전자화폐에 대한 영국과 한국의 정의를 비교한 것이다.[15] 어느 것이 포지티브 규제이고 어느 것이 네거티브 규제인가?

---

15) 이수일・원소연・김진국 외(2018). 위의 논문, p. 65.

한국의 「전자금융거래법」을 보자. 가목 대통령령이 정하는 기준 이상의 지역은 2개 이상의 광역지방자치단체 및 500개 이상의 가맹점을 말한다. 다목에서는 전자화폐로 구입할 수 있는 재화 또는 용역의 범위를 5개 이상으로 규정하고 있으며, 대통령령이 정하는 업종 수는 5개다.

이 2개 항목을 문헌 해석해 보면, 우리나라에서는 기존 금융기관이 아니면 전자화폐업에 진출하기 어렵다. 신규로 금융업에 진출하는 사업자가 2개 이상의 광역지방자치단체에 500개 이상의 가맹점을 확보한다는 것은 현실적으로 불가능하기 때문이다.

예를 들어 서울이나 부산 등 한 곳에서 시작해서 가맹점이 500개 미만이면 전자화폐로 인정되지 않는다.

전자화폐뿐만 아니라 다른 분야에서도 이러한 조건이 붙는 경우가 적지 않다. 정부 조달 규제가 대표적인 예다. 정부가 발주하는 각종 행사에 입찰하려면 정부 행사 혹은 정부 사무를 수행한 경험이 있어야 한다.

새로운 회사를 설립했다면 당연히 정부 행사를 수주할 수 없다. 이런 규정들은 '빌드 업', 즉 사업을 제로에서 시작해서 하나하나 쌓아 가는 것 자체를 인정하지 않는 규제다. 실질적인 경쟁 배제다.

「전자금융거래법」의 내용은 조건을 제시하고 이 조건에 맞으면 누구나 전자화폐의 요건을 갖춘다는 네거티브 규제 방식을 택하고 있는 듯 보이나 실제로는 그 조건이라는 것이 금지적이기 때문에 원칙 금지–예외 허용의 포지티브 규제 방식이다.

전자화폐를 규정한 영국의 규제와 비교해 보자. 영국은 전자화폐를 "전자화폐 발행자가 정하는 화폐적 가치를 전자적으로 저장한 것"으로 정의하고 "지불 수단의 목적으로 자금을 받기 위해서 발행되고, 전자화폐 발행자 이외의 사람이 수취하고, Regulation 3에서 제외되지 않는 것"이라고 정의하고 있다.

어디를 봐도 명백한 진입 규제에 해당하는 지역 조건이나, 가맹점 수나, 업종 수에 대한 제한이 없다. 전자화폐를 포괄적으로 정의하고 이 조건에 맞으면 전자화폐인 것이다.

과연 어느 나라에서 전자화폐 발행이 쉬울 것인가? 영국에서는 누구나 전자

> 화폐를 발행할 수 있는 반면, 한국에서는 규모 있는 기존 금융기관이 아니면 불가능하다. 같은 조건 제시형 규제라 하더라도 이처럼 그 조건이 금지적이냐 아니냐에 따라 포지티브 규제 방식이냐 네거티브 규제 방식이냐가 결정된다. 우리나라의 많은 규제가 이처럼 조건 제시형 규제로 운영되고 있다. 예를 들어 물류업을 하려면 반드시 별도의 사무실을 갖추고 일정 면적 이상의 창고를 갖춰야 한다. 따라서 그 조건을 충족할 자금력이 없는 사람은 물류업에 진출할 수 없다. 이처럼 진입 규제 요소를 갖고 있다면 진입 조건이 아무리 미약한 것이라도 포지티브 규제 방식이라 말할 수 있다.

10. 비용보다 혜택이 더 큰 규제

규제를 설계하는 단계에서 동일한 규제 목적을 달성할 수 있는 복수의 대안을 마련해야 한다고 말했다. 목적 달성이라는 효과성의 측면에서 동일한 결과를 낳을 것으로 예상되는 여러 가지 대안을 마련하라는 것이다. 그러면 이 중에서 무엇을 선택할 것인가? 이에 대한 가장 간단한 해법은 규제로 인해 발생하는 사회적 비용을 최소화하는 대안을 선택하는 것이다.

규제로 인한 사회적 비용이란 무엇인가? 규제를 만들고 유지 보수하는 정부비용과 규제를 준수해야 하는 민간이 부담하는 규제준수비용을 말한다. 정부비용은 다시 크게 두 가지로 분류된다. 정부행정비용과 규제집행비용이다. 정부행정비용은 규제를 담당하는 공직자들의 급여와 후생복지, 사무실 유지비용, 각종 행정 지원 비용, 규제를 만들고 유지하는 과정에서 민간의 의견을 수렴하기 위해 필요한 연구 및 여론조사 비용 등이 정부행정비용이다.

규제와 관련해 일반 시민들이 잘 인지하지 못하는 진리가 하나 있다. 규제가 증가하면 공무원의 숫자가 증가하고 정부가 비대해진다는 것이다. 그만큼 정부행정비용의 증가는 불가피하다. 그리고 그 규제가 존속하는 한 정부행정비용은 영속된다.

그러나 이보다 더 큰 정부비용은 규제집행비용이다. 국민이 규제를 준수하도록 유도하고, 준수 여부를 확인하며, 규제를 준수하지 않는 시민과 기업들을 처벌하는 데 들어가는 비용이 규제집행비용이다.

식품안전 인증에서의 정부행정비용

우리나라 정부는 특정 유형의 식품제조업체들로 하여금 식품안전 관리기준(HACCP) 인증을 받도록 강제하고 있다. 미국에서도 식품업체들이 HACCP 기준을 이행하도록 하고 있으나 이것을 인증으로 관리하지는 않는다.

식품안전을 인증으로 보증하기 위해서는 개별 식품업체들이 인증 기준에 맞게 제조 공정을 유지하고 있는지 확인해야 한다. 이것이 현장 점검이다. 인증을 내줄 때 현장 점검이 필요하고 인증 기간 중에도 불시 점검이 필요하다.

HACCP 인증업체는 식품이 9,937개(2022년 기준), 축산이 15,461개다. 합치면 2만 5천여 개에 이른다. HACCP을 규율하는 식품의약품안전처가 인증을 줬으니 이제 2만 5천여 개 인증업체는 식품안전에 절대 문제가 없음을 보장해야 한다.

식약처 직원만으로는 이 업무를 수행할 수 없다. 그래서 이를 관리하기 위한 별도의 조직을 만들었다. 그 조직이 바로 한국식품안전관리인증원이다. 식품안전관리인증원을 만들었으니 이제 식품안전에 이상이 없다는 것을 자신할 수 있는가?

식품안전관리인증원의 총인원은 2022년 2/4분기 기준 269명이다. 1인당 94.4

개 업체를 담당하게 된다. 그러나 모두가 인증 업무에 투입되는 것도 아니니, 인증의 발급 및 인증업체 관리 업무만을 기준으로 하면 1인당 담당 업체 수가 크게 늘어난다.

식품안전관리인증원 직원들에게 인원이 충분하냐고 물으면 당연히 "아니다"라고 답할 것이다. 그리고 이러한 답변은 정당하다. 인증업체 수에 비해 관리 인력의 수가 턱없이 모자라기 때문이다. 관리 인력이 부족하면 관리 자체가 부실해진다. 그러다 사고라도 한 번 나면 식품업체를 전수조사한다고 나서는 게 정부다. 국가가 인증을 의무화하면 바로 이런 일이 발생한다.

HACCP 인증을 국가 인증으로 만든 것에 대해 시비하고자 하는 게 아니다. 다만 국가가 이처럼 민간의 영역을 직접 통제하려 하면 그만큼 대가를 지불해야 한다는 점을 꼭 기억하자는 것이다. HACCP을 국가 인증으로 만들면서 식품안전관리인증원을 만들어야 했던 것처럼 말이다.

시민들이, 심지어 일부 공직자들이 오해하는 게 하나 있다. 규제는 '공짜'라는 인식이다. 규제는 절대로 공짜가 아니다. 규제를 만들고 유지하고 집행하는 데 막대한 시민의 세금이 그 규제가 지속되는 한 '영속적으로' 투입된다.

그러나 정부의 행정비용은 규제가 유발하는 사회적 비용의 일부일 뿐이다. 더 많은 비용을 민간이 부담해야 한다. 규제준수비용이 그것이다. 규제비용 최소화의 원칙에서 말하는 비용은 이 모든 비용을 포괄하는 것이다.

다음 그림은 OECD가 요약한 규제비용 분류표다. 여기서 민간의 규제준수비용은 순응비용(compliance cost)을 말한다. 규제이행비용, 직접노동비용, 간접비용에 더해 규제 준수를 위해 기계나 장비를 구입하고, 원자재

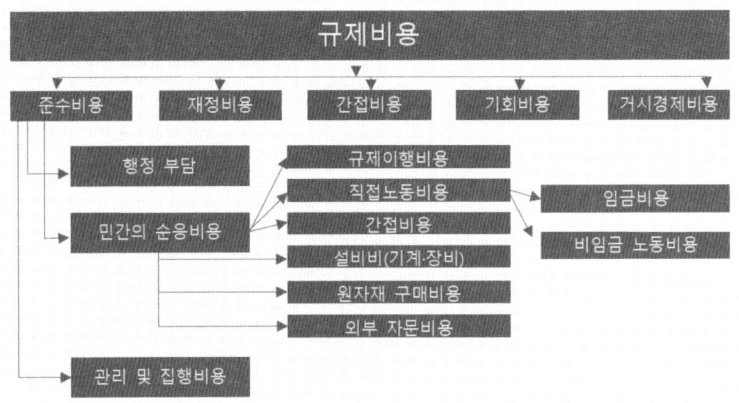

출처: OECD(2014), OECD Regulatory Compliance Cost Assessment Guidance.

를 구매하며 필요할 경우 외부 자문기관의 자문을 받는 비용이 모두 규제준수비용이다.

순대, 떡볶이 인증의 규제준수비용

2015년 10월 정부가 국민 간식의 안전이라는 이유로 순대, 떡볶이 제조업체에 HACCP 인증을 단계적으로 의무화한다고 발표했다.
순대 제조업체 200개, 떡볶이 업체 1,212개가 대상이 됐다. 그러나 이들 대부분은 HACCP 인증 규제를 준수하는 비용을 감당할 수 없을 정도로 영세한 업체였다.
순대는 제조업자들의 79%가 연매출 1억 원 이하, 떡볶이는 제조업자들의 80%가 연매출 1억 원 이하였다. 그런데 이들 업체가 규제 준수를 위해서 지불해야 하는 비용은 장비 구입 등 최소 2천만 원으로 추산됐다. 80%가량의 업체들이

> 매출의 최소 20% 이상을 설비 구입에 투자해야 했다. 영세업체들이 이 정도의 돈을 마련하는 것은 불가능했다.
> 이런 상황에 직면하면 규제를 만든 정부는 규제를 재검토하기보다는 규제 목적 달성을 위해 사업자에 대한 비용 지원을 검토하게 된다. HACCP 인증뿐만 아니라 다른 어떤 규제이건 규제를 도입하고 시행하는 데에는 비용이 수반된다. 단지 그 비용의 부담자가 정부 혹은 다수의 국민인지(세금), 아니면 사업을 영위하는 민간 사업자인지의 차이가 있을 뿐이다.

상당수의 규제는 보고 의무를 수반하기도 한다. 정부가 민간이 규제를 잘 준수하는지 살펴야 하는데, 규제 대상의 숫자가 규제 집행 공무원의 숫자보다 지나치게 많으면 정부가 일일이 규제 준수 여부를 검증할 수 없다. 이때 정부가 전가의 보도처럼 활용하는 게 보고 의무다.

각종 보고 의무는 기업으로서는 큰 부담이다. 데이터의 수집부터 정리, 보고서 양식에 맞춘 서류 작성 등에 인력과 시간을 투입해야 한다. 한 부처만이 아니라, 정부 각 부처가 비슷한 내용의 보고를 제각각 요구하는 경우도 많다. 부처는 대상 기업이나 기관에 보고서 양식을 보내고, 언제까지 보고하라고 요구하면 끝이지만, 민간은 보고가 잘못돼 받게 될 벌칙이나 불이익을 우려해서 온 신경을 곤두세워 보고 항목을 채워야 한다. 위의 '규제비용' 그림에서 행정 부담은 바로 이러한 비용을 말한다.

> **각종 보고와 행정절차로 인한 비용과 그 부담**
>
> 국립대학병원들은 교육부, 행정자치부, 보건복지부 등 3개 국가기관으로부터

개인정보 보호 점검, 감독을 받아야 한다. 이런 경우라면 관련 부처들은 머리를 맞대고 공통 항목에 대한 보고 내용을 공유하는 방법을 찾아내어야 한다. 동일한 내용이라도 적어 내는 양식 서류가 다르면 피규제자는 두 번, 세 번 같은 작업을 반복해야 하기 때문이다.

2015년 대한상공회의소가 중소기업 행정 부담 인식조사를 실시했다. 100보다 수치가 높으면 부담이 있다는 의미다. 법인세(121), 환경 규제(102), 진입 규제(67) 등 모든 사람이 추측할 수 있는 항목을 누르고 행정조사(137)가 부담이 가장 높은 분야로 지적됐다.

2017년에 실시한 519개 중소 중견기업 설문조사(중소기업 옴부즈만 시행)에 따르면, 연간 행정조사 부담은 451페이지에 달하며 120일이 소요되고 비용은 905만 원으로 추산됐다. 문제점으로는 과도하고 중복적인 서류 제출, 중복적인 행정조사, 과도한 조사 주기가 거론됐다.

이에 당시 규제조정실이 범정부 행정조사 내용을 전수 조사했다. 27개 부처에서 608건의 행정조사가 실시되고 있었다. 5건을 폐지하고 170건의 행정조사에 대해서는 범위를 축소하는 등의 개선 조치가 내려졌다.[16]

미국은 민간의 행정 부담을 줄이기 위해 행정부가 민간에 새로운 보고 의무를 부과할 때는 반드시 백악관 내 관리예산처(Office of Management and Budget: OMB)의 승인을 받도록 하고 있다. 민간에 요구하는 모든 서류에는 다음 그림처럼 승인번호를 명시해야 한다. 승인번호 없이는 국세청을 포함한 어떤 연방정부 조직도 민간에 보고 의무를 부과할 수 없다.

---

16) 규제개혁위원회, 「2017년 규제개혁백서」, pp.50-51.

 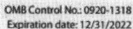

**PROOF OF COVID-19 VACCINATION FOR NONCITIZEN NONIMMIGRANTS
PASSENGER DISCLOSURE AND ATTESTATION TO THE UNITED STATES OF AMERICA**

* 미국에 입국할 때 작성해야 했던 COVID-19 관련 서약서 양식이다. 오른쪽 상단에 관리예산처(OMB)의 통제번호가 No. 0920-1318 이라고 적혀 있다. 양식의 유효 기간까지 적혀 있다.

오스트리아의 '한 번 보고 원칙(Once only policy)'

오스트리아 중앙은행이 오스트리아 내 대형은행들과 함께 금융감독 당국이 필요로 하는 은행 자료들을 한 곳에 모으는 공동의 데이터베이스를 만들었다. 은행들이 데이터를 업로드하면, 금융 당국은 필요한 자료를 이 데이터베이스에서 직접 찾아본다. 은행에 자료 제공을 요구하지 않는다.
'한 번 보고 원칙'이다. 이 원칙의 적용으로 은행은 금융 당국의 세세한, 시도 때도 없는 자료 요청으로부터 해방됐다.
디지털 정부가 가장 잘 발달된 에스토니아에도 '한 번 보고 정책'이 있다. 이 정책에 따라 시민이 정부에 제공한 데이터는 정부가 시민에게 제출을 다시 요구할 수 없다.
예를 들어 소득 자료가 국가에 제공됐다면 세금을 부과해야 할 국세청이나 소득에 기반해서 사회보장급여 등을 산정하는 복지부나 국가 데이터 시스템에 제공된 시민의 소득 자료를 스스로 찾아서 관련 업무를 진행해야 한다. 시민에게 자료 제출을 다시 요구할 수 없다.
기업 재무 자료를 예로 들어 보자. 상장 기업은 재무 자료를 의무적으로 공개하게 돼 있다. 일단 기업이 재무 자료를 국가에 보고하면 이 자료가 필요한 정부 각 부처는 기업에 자료 제출을 요구하지 않고, 정부 데이터 시스템에 제출된 자료를 찾아서 본다.
중복되거나 유사한 자료를 제출하고, 또 제출하는 것에 따른 기업과 시민의 불필요한 행정 부담이 '한 번 보고 정책'하에서는 없어진다.
적어도 유사 중복 보고 의무에 대해서는 우리나라에서도 '한 번 보고 정책'을 즉각 실행해야 할 것이다.

규제개혁 시민행동 가이드 9

기업 입장에서 현재 정부에 제출하는 각종 자료 및 보고 의무에 어떤 것들이 있는지 살펴보자. 유사한 내용의 자료를 각기 다른 부처가 요구하고 있다면 정부에 '한 번 보고'로 끝낼 수 있도록 건의해 보자. 정부가 디지털 정부를 추진한다고 하니 내가 낸 자료는 정부 데이터뱅크에 수집되고 당연히 필요한 부처가 이를 파악할 수 있을 것이다. 예를 들어 재무제표를 금융감독원에 보고했으면 이에 관한 정보가 필요한 부처는 금융감독원 데이터뱅크에서 자료를 끌어다 쓸 수 있게 하는 것이다. 물론 이를 위해서는 보고 자료에 대해 민간이 정부 각 부처의 검색 권한을 포괄적으로 위임하는 제도를 마련해야 할 것이다.

규제비용과 관련해서 또 하나 유의해야 할 포인트는 '역진성'이다. 규제로 인해 민간이 지불해야 하는 규제비용은 부담 능력에 비례해야 한다. 비례성의 원칙이다. 부담 능력의 기준에는 여러 가지가 있을 수 있다. 매출액이 될 수도 있고, 이익의 규모 혹은 종업원 숫자일 수도 있다.

규제비용이 역진적이라 함은 매출이 적거나, 종업원 수가 적거나 혹은 이익 규모가 적은 기업이 상대적으로 더 높은 규제비용을 지불함을 의미한다. 가난한 사람이 부자보다 더 많은 세금을 부담하는 것과 마찬가지다. 그래서 규제를 설계할 때는 중소기업에 대한 규제 부담의 역진성 여부를 면밀하게 살펴야 한다.

예를 들어 정부가 2014년부터 2015년까지 진행한 정부인증 규제 전수조사는 영업이익률이 3~4%에 불과한 중소기업들이 정부의 인증 요구로 인해 매출의 6% 내외에 달하는 인증비용을 부담해야 하는 현실을 바꾸기 위한 노력이었다. 인증을 받기 위해서는 심사료를 지불해야 한다. 심사료는 건당 일정액으로 정해진다. 매출 수준과 관계없다. 역진적이다.

각국 정부는 규제 부담의 역진성을 해소하기 위해 중소기업에 대해서는 일정 기간 규제를 유예해 주거나 규제를 적용하지 않는 중소기업 규제유예제도(Small and Medium Business Moratorium)를 의무화하고 있다. 우리 정부는 규제영향분석서에 중소기업에 대한 규제 영향을 별도로 분석해서 제출하도록 하고 있다.

중소기업에 더 불리한 환경표지 인증

규제는 불가피하게 피규제자에게 비용을 전가시킨다. 여기서 중요한 것이 비례성의 원칙이다. 기업의 부담과 관련해서 비례성의 원칙은 규제가 규모가 작은 기업들에 더 많은 상대적 부담을 지우는 일을 피해야 함을 의미한다.

환경표지 인증 사례를 살펴보자. 인증을 받기 위해서는 한국환경산업기술원에 심사료를 지불해야 한다. 심사료는 별표와 같이 세 가지로 구성된다. 기본수수료, 인증심사비, 출장비가 그것이다.

비례성의 관점에서 이를 살펴보자. 기본수수료, 인증심사비, 출장비가 모두 기업의 규모나 해당 제품의 매출 수준과 관계없이 건당으로 일률적으로 적용된다. 다시 말해, 해당 제품의 매출이 크건 적건 내는 금액은 똑같다. 매출이 큰 제품의 인증비용은 무시할 수 있는 수준인 반면 매출이 적은 제품은 부담이 상대적으로 높아진다. 인증비용이 역진적인 것이다.

항목	산출 기준
기본수수료	제품당 50,000원
인증심사비	엔지니어링 사업 대가 기준 '산업공장' 고급기술자 1인 단가 × 소요 일수
출장비	공무원 여비 기준에 의한 제2호 여비

이에 더해 환경표지 인증은 사용료를 납부해야 한다. 인증제품 중 기본 제품의 제품 수와 인증제품 전체의 전년도 연간 매출액을 기준으로 아래 표와 같이 산정한다.

인증제품의 연간 매출액	연간 사용료(만 원)
10억 미만	100
10억 원 이상~50억 원 미만	200
50억 원 이상~100억 원 미만	300
100억 원 이상~500억 원 미만	400
500억 원 이상~1,000억 원 미만	500
1,000억 원 이상~2,000억 원 미만	700
2,000억 원 이상~3,000억 원 미만	900
3,000억 원 이상	1,100

위의 표에서도 역진성은 쉽게 파악된다. 10억 원 매출을 가정하면 사용료는 매출의 0.2%다. 3천억 원 매출의 경우는 매출액의 0.00367%다. 3천억 원 매

출 제품의 사용료보다 10억 원 매출 제품의 사용료가 매출 대비 비중으로 보면 50배 이상 높은 것이다.

이러한 역진성이 문제가 되자 제시된 개선책은 매출 6억 원 미만의 사업자에게는 연간 사용료를 90% 경감해 주고, 10억 원 미만에는 70%, 20억 원 미만 60%, 30억 원 미만 사업자에게는 30% 경감해 주는 것이었다.

그렇다고 역진성 문제를 완전히 해결할 수 있었는가? 매출 30억 원 이상의 구간에서는 역진성이 전혀 해소되지 않았다.

더욱 심각한 것은 인증사용료가 선불제라는 것이다. 신규 제품의 경우 연간 매출이 전혀 없을 수 있는데, 이 경우 신청 연도의 예상 매출액으로 사용료를 산정한다. 매출이 일어나지도 않았는데 사용료를 미리 떼어 내는 셈이다.

환경표지 인증은 하나의 예에 불과하다. 어떤 규제건 규제비용이 정액제이거나 매출 구간별 차등제를 사용하면 역진성 문제가 발생한다.

환경표지 인증 등 많은 인증은 중소기업 제품의 시장 진출을 돕는다는 명분으로 도입된다. 인증을 도입함으로써 제품의 품질이나 안전성을 보증해 중소기업 제품에 대한 신뢰도를 높이겠다는 좋은 정책 목표로 시작된다. 그러나 현실에서는 대기업보다 높은 규제비용을 부담시키는 결과를 초래할 수 있음에 유의해야 한다.

규제 도입을 검토하는 공직자들이 갖춰야 할 감수성 중 하나가 바로 규제의 역진성에 대한 부단한 경계심이다.

미국의 로널드 레이건 대통령이 이런 말을 했다. "중소기업자들이 가장 두려워하는 아홉 단어의 말은 'I'm from the Government, I'm here to help you'(정부에서 당신을 도우러 왔어요)"라는 것이다. 중소기업에 정부는 도움은커녕 방해만 되는 존재라는 의미다. 규제 관료들이 규제를 설계할 때 반드시 되새겨야 할 문장이 아닐 수 없다.

> **규제개혁 시민행동 가이드 10**
>
> 회사가 부담하는 각종 규제비용 중 회사의 규모에 비해 과도하게 지출해야 하는 항목이 있는지 살펴보자. 이런 비용이 있다면 비슷한 규모의 동종 업체들을 모아 함께 개선을 건의해 보자. 협회나 단체의 경우 규모가 비슷한 기업들이 모여 있다면 좋은 채널이 될 수 있다. 그러나 대기업과 중소기업이 함께 있는 기관이라면 그다지 좋은 채널은 아니다. 이런 경우에는 같은 애로를 겪고 있는 기업들이 함께 추진, 중소기업 옴부즈만 등 중소기업 애로를 전문적으로 다루는 기관에 의뢰하는 게 현실적이다.

이제까지 규제의 비용에 대해 중점적으로 살펴봤다. 그렇다면 여러 가지 대안 중 규제비용이 가장 적은 대안을 선택하면 모든 문제가 해결될 것인가? 과거에는 이것이 정답이었지만 현재는 아니다. 비용뿐 아니라 규제를 집행함으로써 사회가 얻는 편익을 함께 고려하는 것이 현재의 베스트 프랙티스(best practice)다. 그 수단이 바로 비용편익분석이다. 규제로 인한 편익과 비용을 계산한 후 순편익(편익-비용)이 가장 높은 규제를 선택하는 것이다. 규제 순편익 최대화의 원칙이다.

규제비용뿐만 아니라 규제로 인한 편익까지 계산해서 규제 대안을 최종 선택하는 것은 어찌 보면 당연한 수순이다. 예를 들어 비용이 10인 규제와 비용이 5인 규제가 서로 경쟁한다고 가정해 보자. 비용만을 기준으로 판단한다면 비용이 5인 규제가 채택될 것이다. 그런데 규제로 인한 편익이 규제비용 10인 규제가 20이고, 5인 규제가 10이라면 판단이 달라져야 한다. 순편익을 계산하면 규제비용 10인 규제가 10(20-10)으로 규제비용 5인 규제(10-5)보다 높기 때문이다.

규제로 인한 편익은 규제의 목적을 달성했을 때 국민과 기업이 얻을 수 있는 혜택을 의미한다. 예를 들어 고속도로 속도 제한을 110km/h에서 100 km/h로 낮출 때 규제당국은 속도를 낮추면 교통사고 사망률이 얼마나 낮아질 것인지를 분석하고, 사망률 감소로 인해 추가로 구제되는 생명의 가치를 계산해서 편익을 계산할 수 있을 것이다.

규제의 비용이나 편익을 계산하는 일은 결코 쉽지 않다. 사람의 생명 가치처럼 시장가격이 형성돼 있지 않은 변수에 대해서도 가격을 부여해야 하기 때문이다. 이에 대한 좋은 지침서 중 하나가 영국 정부가 2~3년을 주기로 지속적으로 업데이트하고 있는 『그린북』이다.[17]

생명 가치의 계산에는 통계적 생명 가치(Value of Statistical Life: VSL)를 추정하는 방식이 보편적으로 이용된다. 미국 환경보호처는 자체 연구를 통해 통계적 생명 가치를 1인당 910만 달러로 계산했다. 통계적 생명 가치는 미국의 경우 부처마다 차이가 있는데, 이는 각 부처가 운영하는 법규의 비용편익분석에 활용된다.

우리나라에서 사람의 생명 가치는 얼마?

2021년 산업안전보건연구원이 「산업안전보건법 규제영향분석을 위한 건강편익 산정방식 개선연구」(연구책임자, 신영철) 보고서를 통해 사람의 생명 가치로

---

[17] HM Treasury(2022), *The Green Book: Central Government Guidance on Appraisal and Evaluation*, pp. 57-65, 75-89.

> 1인당 16억 4천 2백만 원을 제시했다.[18] 통계적 생명 가치 산정 방식을 활용해 계산한 것이다. 그러나 고용노동부는 이 수치를 고용노동부가 공인하는 생명 가치로 인정하지는 않았다.
> 우리 정부는 생명 가치에 대한 통일적 기준을 제시하지 않고 있다. 개별 규제 사안별로 규제영향분석서를 작성하면서 통계적 생명 가치를 제시하기 때문에 같은 부처라도 소관 법령에 따라 생명 가치를 다르게 평가한다.

11. 국제적으로 규제 강도가 가장 낮은 규제

규제경쟁력이 곧 국가경쟁력이다. 규제는 경제를 회생시킬 수도 있고 경제를 침체시킬 수도 있다. 규제가 바다라면 경제는 바다를 항해하는 선박이다. 잔잔한 바다는 배의 순항을 이끌지만 거친 바다는 배를 침몰시킨다. 시장 진입 규제의 강도를 평가하는 시장규제지수(PMR)와 경제 성장 간의 상관 관계를 분석한 경제협력개발기구(OECD)는 시장 규제가 노동, 환경 규제보다 경제에 미치는 영향이 더 크다고 분석했다.

규제를 국가경쟁력 차원에서 접근하려면 규제 모범국, 즉 규제 강도가 낮아 관련 분야에서 경쟁력을 확보하고 있는 국가들이 어떠한 방식으로 동일한 사안을 규제하고 집행하며, 기업과 시민의 준수를 확보하는지 파

---

[18] 신영철 외(2021), 「산업안전보건법 규제영향분석을 위한 건강편익산정방식 개선연구」, 산업안전보건 연구원 연구보고서.

악하는 자세가 필요하다. 이들 규제 모범국가보다 규제가 강하면 다른 모든 조건이 동일하다고 가정할 경우 관련 분야에서 한국은 국가경쟁력을 확보할 수 없다.

정부 개입에 의한 시장 왜곡과 진입 장벽에 대한 규제를 다룬다면 규제 모범국가는 OECD 시장규제지수가 가장 낮은 5개 국가, 즉 영국, 덴마크, 스페인, 독일, 네덜란드 등을 꼽을 수 있다(2018년 PMR 지수 기준).

핵심은 동일한 규제 분야에서 경쟁력이 가장 앞선 나라들에서의 규제 실태를 파악해 벤치마킹하는 것이다. 사안마다 규제 모범국가가 바뀔 수 있다는 말이다.

특히 각국의 입법 과정이나 법령 체제 등이 다르다는 점을 감안하면 규제 모범국가를 5개 정도 선정해서 다양한 각도에서 규제 사안을 볼 수 있도록 하는 것이 좋을 것이다.

안전 규제라면 산업재해 사망률이 가장 낮은 5개 국가를 찾고, 산업별 경쟁력을 다루는 규제라면 관련 산업의 경쟁력이 가장 강한 5개 국가의 규제 실태를 파악하는 것이다. 생명과학이나 4차 산업혁명 신기술을 활용한 비즈니스 규제라면 이 분야 유니콘 기업 수가 많은 순으로 5개 국가를 선정해서 벤치마킹한다.

정부가 새로운 규제를 도입할 때는 규제영향분석서에 관련 분야 경쟁력 상위 5개 국가에서의 규제 실태를 파악하고 규제 수준이 이들 국가보다 낮음을 입증하도록 의무화하는 것도 방법이다. 해당 규제와 관련한 사회적 이해 충돌 이슈가 있을 경우 이들 국가가 같은 문제, 혹은 유사한 이슈를 어떻게 해결할 수 있었는지를 파악하는 것도 규제 모범국가 벤치마킹의 요지 또는 핵심이 될 것이다.

경제 전체의 규제경쟁력을 강화하려 한다면 국제 비교가 가능한 지표를 찾아 한국의 현재 위치를 진단하고, 전체 수준을 어떻게 끌어올릴 것인가를 논의하는 게 좋다. 예를 들어 OECD 시장규제지수에서 한국은 2018년 기준 상위 6위 수준의 규제 강도를 갖고 있다.

이를 1차적으로 OECD 평균 수준으로 낮추겠다는 목표를 세우는 것이다. 2018년 한국의 시장규제지수는 1.69였다. OECD 평균 수준인 1.43으로 낮추려면 0.26 포인트의 개선이 필요하다. 전체 회원국이 38개이니 당장에 위에서 언급한 규제 모범 5개국 수준으로 낮추는 것은 불가능한 목표다. 예를 들어 시장규제지수가 가장 낮은 국가는 0.78을 기록한 영국인데, 이 수준까지 낮추려면 0.91포인트를 개선해야 한다. OECD 평균 수준까지 낮추기 위해서는 15% 정도의 개선이 있으면 되나 영국 수준으로 낮추려면 54%의 개선을 이뤄야 한다. 지난 25년간 한국의 시장규제지수 순위가 한 번도 10위 아래로 떨어진 적이 없었다는 점을 감안하면 하위 5개국 수준까지 규제를 낮추겠다는 목표는 단기간에 절대 불가능한 일이다.

시장규제지수를 OECD 평균 수준까지 낮춘다는 1차적인 목표를 세운다면 우선 시장규제지수를 구성하는 항목을 세부 분석해야 한다. 시장규제지수는 약 700개의 설문조사 항목을 기초로 작성되고 그 설문의 내용이 공개돼 있기 때문에 어느 항목에서 한국이 낮은 평가를 받았는지를 파악할 수 있다.

이를 기초로 규제경쟁력 열세 분야를 찾아 규제개선의 목표를 설정하고 규제를 정비해 나가는 것이다. 이러한 목표의 설정은 어떤 분야의 어떤 규제를 고쳐 나가야 한다는 합의를 정부 내에 구축하는 중요한 수단이 될 것이다.

OECD 시장규제지수는 5년 단위로 업데이트된다. 따라서 기간 목표는 최소 5년 이상으로 설정되는 장기 프로젝트의 성격을 갖게 될 것이다. 이러한 프로젝트의 성격 때문에 5년 단임 대통령제를 유지하고 있는 한국에서 누구도 진지하게 이러한 접근을 하지 않았을지도 모른다. 임기 중에 시작했더라도 성과 개선은 차기 대통령 임기 중에 실현될 것이기 때문이다.

그러나 이러한 중장기 개선의 목표가 설정되지 않는다면 한국의 규제경쟁력은 과거 25년처럼 앞으로도 전혀 개선되지 않을 수 있다.

사실 국제 비교 방식은 새로운 개념이 아니다. 4차 산업혁명 기술을 활용한 신산업 신비즈니스 관련해서 아산나눔재단과 스타트업얼라이언스가 2017년 이후 매년 지속적으로 O2O 비즈니스, 디지털 헬스, 유니콘 비즈니스, 스타트업 생태계 등 주요 분야에 대한 규제를 국제 비교해 정부에 규제개선을 촉구해 왔다.

대한상공회의소 지속성장이니셔티브(SGI)는 2019년 12월 「신산업 규제트리와 규제사례 보고서」를 발표했다. 이 자료는 바이오헬스, 드론, 핀테크, AI 4개 분야에서 혁신을 주도하고 있는 국가와 한국의 규제를 비교해서 개선점을 제시했다.

한국 정부가 규제를 제대로 개선했다는 것을 알 수 있는 궁극적인 지표는 무엇일까? 정부의 규제개혁 성과에 대한 기업과 민간의 체감도일까? 주관적 지표인 체감도를 갖고 전체 정부나 특정 부문의 규제개혁 성과를 평가하는 것은 적절치 않다. 보조 지표로는 활용할 수 있어도 성과 지표는 될 수 없다.

  그렇다면 어떤 지표를 목표로 삼아야 할 것인가? 시장규제지수를 비롯한 국제적 비교 지표에서의 성과 개선이 궁극적 목표가 돼야 할 것이다. 한국에서 현재는 불가능한 신산업 분야의 새로운 비즈니스 모델의 산업화를 가능하게 하는 것도 목표가 될 수 있다. 아산나눔재단 보고서가 불가능하다고 지적한 산업을 모두 가능하게 하자는 말이다. 이렇기 때문에 더욱 더 국제 기준 규제 최소화 원칙은 중요하다.

  규제조정회의를 할 때 공무원들이 가장 곤혹스러워하는 질문이 하나 있다. "규제를 해야 한다는 이유는 잘 알겠는데, 다른 나라는 어떻게 하고 있나요?" 대부분 규제 실무자들은 이 질문에 답변하지 못한다. 답변하더라도 그 분야에서 규제경쟁력을 갖고 있는 나라의 사례를 들지 못하고 규제가 한국만큼이나 강한 나라의 사례들을 이야기한다. 얼토당토않은 규제를 만들어 놓고, 중남미 개발도상국에 규제 방식을 수출했다고 자랑하는 공무원도 있었다.

  좋은 규제란 국제적 비교에서 가장 낮은 규제 강도를 유지하면서 규제의 목적을 달성할 수 있는 규제를 말한다.

규제개혁 시민행동 가이드 11

많은 기업이 국제 거래에 종사하고 있다. 한국 내 사업장에 적용되는 규제 중 말도 안 된다고 생각하는 게 있다면, 국제 거래처를 활용해 보자. 거래처에 이 사안을 당신 나라는 어떻게 규제하고 있는지 물어보는 것이다. 해외 사업장이 있는 경우라면 해외 사업장과 한국 사업장에서의 규제가 어떻게 다른지 직접 분석할 수도 있다. 경제단체들이 규제개선 건의의 창구 역할을 하고 있지만, 국제 비교 역량은 떨어진다. 규제를 당하는 쪽에서 적극적으로 알아보고 정보를 줄 때, 이들도 목청을 높여 기업을 대변할 수 있을 것이다.

12. 미래의 기술 발전을 촉진하는 규제

규제의 취약점은 기술 발전 속도를 쫓아가지 못한다는 것이다. 영국의 적기조례법(붉은깃발법, Locomotive Act of 1865)이 대표적인 예다. 자동차라는 새로운 기술의 등장을 마차라는 구시대 기술의 규제 틀에 묶어 뒀다. 그 결과 영국은 세계 최초로 자동차를 상용화시켰음에도 불구하고 자동차 산업에서 독일, 이탈리아, 미국에 주도권을 넘겨주고 말았다. 이 규제를 없애는 데 얼마나 걸렸을까? 31년이 걸렸다. 나쁜 규제일수록 쉽게 사라지지 않는다. 기술의 변화 속도를 앞서 나가지 못하는 규제의 속성은 특히 붉은깃발법처럼 정부가 새로운 기술의 적용에 대해 세세하게 간섭할 때 극대화된다. 규제 학자들이 말하는 '처방적' 규제(prescriptive regulation)다. 이에 반대되는 개념은 '결과 중심', '기술 중립적' 규제(outcome focused, techneutral regulation)다.

환경 규제를 예로 들어 보자. 의사가 환자에게 먹을 약을 처방하듯이, 대기오염을 방지하기 위해 굴뚝을 몇 미터 높이로 세워야 하며, 굴뚝에 어떤 정화장치를 설치해야 한다는 세세한 규정을 부여한다면 처방적 규제다.

반면에 굴뚝의 높이나 채택하는 오염 저감 기술을 특정하지 않고, 대기로 배출되는 오염물질을 이산화황은 몇 ppm, 질소화합물은 몇 ppm 이하로 배출해야 한다고 규제한다면 이는 결과 중심적·기술 중립적 규제다.

전자는 사용해야 하는 기술을 정부가 특정하는 규제다. 결과적으로 정부가 대기오염 정화 기술과 관련해서 승자와 패자를 인위적으로 결정하는 심판자 역할을 하게 된다. 정부가 채택하지 않은 기술은 시장에서 도태된다. 반면에 후자는 대기오염 배출 기업이 어떤 기술을 사용하건 개입하지 않는다. 오로지 최종적으로 배출되는 오염물질의 오염 수준만을 목표로 한다.

기업으로서는 전자의 경우 기술이 특정돼 있기 때문에 새로운 오염 저감 기술을 연구할 인센티브가 없다. 그러나 후자의 경우는 피규제자인 기업이 기술을 개발해서 비용을 절감할수록 나에게 이익이 되는 구조다. 따라서 기술의 발전 속도에 민감하고 혁신에 진심인 정부라면 결과 중심적·기술 중립적 규제를 활용한다.

전국의 지자체가 운영하는 가로등 규제도 좋은 예다. 거리의 가로등을 LED등만 사용하도록 하면 새로운 조명기구의 발전이 있을 수 없다. 그러나 가로등 조도를 기준으로 일정 수준 이상의 조도를 맞춰야 한다고 규정하면 가로등 제작 업체들은 조도 기준을 맞추면서 생산비용이 더 저렴한 기술을 개발하려고 노력한다. 생산비용이 낮으면 지방자치단체 입찰에서 경쟁 우위를 점할 수 있기 때문이다.

여기서 결론이 나온다. 기술 개발의 속도가 빠르고 정부가 그것을 예측할 수 없는 상황이라면 '처방적' 규제를 버리고 '결과 중심적·기술 중립적'

규제를 시행해야 한다는 것이다. 결과 중심적·기술 중립적 규제를 적극적으로 도입하는 것은 4차 산업혁명 기술이 급속히 발전하는 현 시점에서 더욱 중요하다.

자고 나면 새로운 기술이 탄생하고, 새로운 비즈니스 모델이 등장하는 시대에 '처방적' 규제는 설 자리가 없다. 정부의 '처방' 능력보다 빠른 속도로 기술이 진화하기 때문이다. 유일한 방법은 규제의 기술민감도를 높여 기술과 규제가 '공진화(coevolution)'하도록 하는 방법 밖에 없다.

영국 정부가 2019년 6월, 「4차 산업혁명을 위한 규제(Regulation for the Fourth Industrial Revolution)」보고서를 발간했다.

아래에 제시한 보고서의 목차만 봐도 영국 정부가 지향하는 바를 알 수 있다.

▶혁신을 옹호하는 정부(championing innovation)
▶미래와의 조우(face the future)
▶결과 창출에 집중하기(focusing on outcomes)
▶기술적 실험의 지원(supporting experimentation)
▶(기술) 접근성 개선(improving access)
▶(기술 기업과의) 대화 구축(building dialogue)

이러한 주요 이니셔티브를 기초로 기술적 발전에서 세계를 선도하는 영국을 만들겠다는 의지를 담고 있다. 여기서 주목할 대목은 특히 혁신을 적극 옹호하고 지지하겠다는 정부의 의지와 성과 중심, 그리고 미래 기술의 기술적 실험에 대한 정부 지원이다.

우선 4차 산업혁명의 잠재력을 최대한 실현하기 위해 세계에서 가장 앞서 나가는 규제 시스템을 구축하겠다는 의지를 담고 있다. 우리나라 정부가 신기술·신산업 지원책으로 채택한 규제 샌드박스의 원조가 어디인가? 바로 영국이다. 적기조례법이라는 역사적 실패 경험에서 배웠는지는 모르겠으나, 영국 정부는 인공지능(AI), 양자컴퓨팅, 생명과학 등 첨단 분야 규제에서 모범 사례를 만들어 나가려는 의지를 분명히 하고 있다. 그 규제 시스템은 당연히 수단이나 과정보다 결과 창출에 도움이 되는 것이어야 한다.

미래 기술의 기술적 실험은 매우 중요하다. 기술의 유효성을 검증하는 가장 좋은 수단은 '실험'이다. 예를 들어 한국은 자율주행 자동차, 드론 분야에서 세계 최고의 기술 수준을 아직 구현하지 못하고 있다. 자율주행 자동차의 실험 주행에 대한 규제와 드론을 공중으로 띄우는 것 자체에 대한 규제가 많았기 때문이다.

생명공학 분야에서도 영국은 복제양을 최초로 탄생시킨 국가다. 실험을 권장하고 실험을 통해서 기술의 유용성을 입증한다는 원칙이 살아 있는 나라이기 때문이다. 한국의 생명윤리법은 이러한 실험 단계의 연구조차 최소화하려는 규제 시스템을 운영하고 있다.

영국 정부는 자율주행 선박부터 가상변호사(virtual lawyer)에 이르기까지 15개의 기술적 실험을 지원하기 위해 1천만 파운드의 'Regulators' Pioneer Fund'를 조성하기도 했다.

이 보고서에서 영국 정부가 주목한 기술 분야는 이동 수단(mobility) 혁신, 데이터, 만성질환 예방-조기진단-치료, 스마트 시스템, 자율주행 자동차, 스마트 금융, 온라인 보안 등이다. 이 분야에서 세계 최고를 지원할 수 있는 선제적 규제 로드맵을 만들겠다는 게 영국 정부의 생각이다. 이러한 영국에서도 영국의 규제 시스템이 혁신 제품과 서비스의 출현에 긍정적으로 기여한다는 응답은 29%에 불과했다. 우리나라에서 동일한 질문을 기업인에게 하면 몇 퍼센트나 긍정적인 반응을 보일까?

4차 산업혁명 시대의 규제 담당 공직자들에게 필요한 자세를 한마디로 표현하면 기술 발전에 끌려가는 규제가 아니라, 기술 발전의 추세에 선행해서 규제를 혁신해 나가는 접근법(anticipatory approach)이다.

이익집단 반대를 극복하라:
호주 뉴사우스웨일스주 포인트 투 포인트 서비스

한국은 산업화를 통한 경제입국의 시기를 거치면서 많은 전문가 집단을 키워 왔다. 이러한 전문가 집단이 4차 산업혁명 기술을 활용한 서비스 혁신에서는 반대의 입장에 서 있다. 가상변호사 시스템의 도입은 변호사협회가, 원격진료는 의사협회가, 취업 자문은 노무사협회가 반대하는 형식이다. 예시일 뿐이지 이것이 전부는 아니다. 우버와 타다 서비스 논쟁 과정의 택시기사도 이 중 하나다.

4차 산업혁명 이전의 모든 전문직업군은 동일한 위기감을 갖고 있다. 예를 들어, 회계보고서를 회계사 대신에 AI가 만들어 내는 것과 같은 일에는 이제 거의 어떠한 기술적 장벽도 없다. 이러한 갈등 과제는 그대로 방치한다고 자연스럽게 해결되지 않는다.

시간이 걸리더라도 전문직업군, 기존 이익집단 업무의 기술적 대체 가능성과

범위를 이들 전문직업 협회·단체와 공동으로 연구하거나, 국민 공론의 장에서 논의하면서 대안을 마련해 나가야 한다. 적어도 기술 발전을 선도적으로 이끌어 나가는 규제 시스템을 만들겠다면 그래야 한다.

누가 이 일을 해야 하나? 바로 그 규제를 담당하고 있는 공무원들이다.

호주의 뉴사우스웨일스주의 우버 해법은[19] 그래서 주목할 만하다. 기존 택시 서비스의 시민만족도를 광범위하게 조사해 시민의 택시 서비스 변화에 대한 수요를 찾아냈다. 택시 서비스에 대한 불만은 전 세계 공통 현상이다. 소비자들이 원한다는 명분을 확보한 것이다.

기존 택시 종사자들은 당연히 택시 승객의 감소를 우려하면서 반대했다. 이것을 뉴사우스웨일스주는 기존 택시기사들도 참여할 수 있게 문호를 개방하고, 택시기사들을 지원하기 위한 상생기금(Industry Adjustment Assistant Package)을 조성해서 해결했다.

뉴사우스웨일스형 우버택시 모델인 '포인트 투 포인트(Point to Point)'를 이용하는 승객들은 한 번 타는 데 1호주 달러(부가세 포함 1.1 호주 달러)씩 상생기금을 지불한다. 2017년 2월 1일부터 상생기금이 부과되기 시작했으며, 종료 시점은 정해지지 않았다. 택시기사들의 복지를 지원할 만큼 충분한 기금이 모아질 때까지 부과한다는 게 뉴사우스웨일스 정부의 설명이다.

뉴사우스웨일스형 우버의 특징은 대상 자동차를 운전석 포함 12인승 이하의 모든 자동차로 확장했으며, 기존 택시회사들도 참여할 수 있게 했다는 점이다. '예약제'를 통해 운송 서비스를 제공하면 그것이 택시건, 렌터카건, 여행자 수송용 미니밴이건, 승차공유 차량이건 상관하지 않는다. 차종의 기준을 없애고 우버 모델과 승차 공유 모델을 한꺼번에 해결한 것이다. 뉴사우스웨일스주는 이러한 서비스 모델 개발을 단 6개월 만에 끝냈다.

핵심은 기존 서비스에 대한 시민의 불만을 전략적으로 활용해서 변화에 대한 거부감을 극복했다는 점, 택시 회사도 같은 서비스를 제공하게 했다는 점, 그

---

19) https://transportnsw.info/travel-info/ways-to-get-around/taxi-hire-vehicle/point-to-point-transport

동안 이슈가 됐던 새로운 형태의 모빌리티 혁신을 동시에 해결했다는 점이다. 2018년 한국에서 진행된 택시-카풀 사회적 대타협 기구와 무엇이 어떻게 달랐는지 곰곰이 생각해 보자.

규제개혁 시민행동 가이드 12

미래 기술 발전의 방향에 대해서 정부가 더 잘 알까, 민간이 더 잘 알까? 정답은 누구나 안다. 민간이다. 그러면 어떻게 하면 정부가 미래 기술 발전을 촉진하는 방향으로 규제를 만들도록 유도할 수 있을까? 정부와 기업 간 기술의 미래에 관한 대화가 많아져야 가능하다. 기술이라는 요소는 특히 사업상 비밀도 많아 여러 업체가 함께 모여서 이야기하는 것이 좋은 방법은 아닐 수 있다. 따라서 기술을 선도하는 국내 주요 기업들이 개별적으로 관련 부처와 비공개 기술 대화 채널을 만드는 게 현실적일 수 있다. 정부 스스로의 노력으로는 산하 연구기관과 함께 정기적으로 기술의 미래에 관한 워크숍을 개최할 것을 권고한다.

13. 낡고 비현실적인 요소를 제거한 규제

모든 법령, 법규는 과거의 것이다. 과거에 만들어졌다는 말이다. 따라서 현재의 시점에서 여전히 유효하고 의미 있는 규제인지를 체계적으로 진단해 유지 혹은 보수하고, 유효 기간이 지난 규제는 폐기시켜야 한다. 시대가 바뀌고 소득 수준도 바뀌고 국민 인식도 바뀌면 낡은 패러다임의 규제는 개선해야 한다.

기업과 시민의 규제에 대한 불만 중의 하나는 이곳저곳 시대에 뒤떨어지는 의무 조항이 많다는 것이다. 예를 들면, 직장으로 출근하는 개념까지 모호해진 인터넷 세상에 상행위를 하려면 반드시 사무실을 차려야 하는 것과 같은 규정이다. 그리고 지금은 개선됐지만, 이사회는 반드시 대면으로 해야 한다는 것과 같은 규정도 시대에 뒤떨어지는 규제였다. 이처럼 시대에 뒤떨어지는 규제는 우리 주변 곳곳에 도사리고 있다. 아래에 상자글로 정리한 가정의례준칙도 좋은 예다.

50년이 넘도록 도저히 사라지지 않는 가정의례준칙

MZ세대는 아마도 가정의례준칙을 알지 못할 것이다. MZ세대뿐 아니라 대한민국 국민들 중 성년례, 혼례, 상례, 제례를 할 때 가정의례준칙을 지켜야 한다고 생각하는 사람들은 없을 것이다. 대부분 없어졌겠지 생각한다. 그러나 시퍼렇게 살아 있다.

이 준칙은 1969년에 「가정의례준칙에 관한 법률」로 입법화됐다. 한국민이 모두 가난했던 시절, 일부 계층의 호사스런 혼례나 장례에 대한 사회적 거부감을 반영, 간소한 가정의례를 권장한다는 취지로 만들어졌다.

1973년에는 「가정의례에 관한 법률」로 종전 권고 수준의 법률에서 '강제 준수' 형태로 바뀌었다. 이어 1993년에 전문 개정했고, 1999년에는 종전 「가정의례에 관한 법률」을 폐지하고, 「건전가정의례의 정착 및 지원에 관한 법률」이란 이름으로 재탄생했다. 이후 4차례 개정을 거쳐 현재까지 살아 있다.

개정법은 종전 「가정의례에 관한 법률」에서 정의한 허례허식 행위의 금지 등 사문화된 조문들을 대폭 없애고(청첩장에 의한 하객 초청, 화환 화분 금지, 주류 및 음식물 접대 금지 등) 대통령령으로 '건전가정의례준칙'을 만들도록 했다.

그러나 건전가정의례준칙은 여전히 "혼수는 검소하고 실용적인 것으로 하고," "혼인 예식 복장은 단정하고 간소하며 청결한 옷차림으로 한다"는 등 국민 상식에 맡겨도 될 일을 세세하게 규정하고 있다.

> 혼인 서약, 성혼 선언의 내용까지 정해 놓았다. 상례의 경우에도 "상복은 따로 마련하지 아니하되, 한복일 경우에는 흰색으로, 양복일 경우에는 검은 색으로 한다" 등 간섭의 끈을 놓지 않았다. "차례는 매년 명절의 아침에 맏손자의 가정에서 지낸다"고 차례를 누가 지내야 하는지도 국가가 정해 놓았다. 2008년까지 가정의례심의위원회라는 정부위원회도 구성돼 있었다.
> 과연 건전가정의례법과 건전가정의례준칙이 현시점에 필요한가? 국가가 이러한 부분까지 세세하게 간섭해야 할 것인가? 국민들은 혼사나 상례를 지낼 때 이 법률과 준칙을 참고하고 실천하는가?
> 대부분의 국민이 이 법규를 기준으로 관혼상제를 치르지 않는다는 점은 삼척동자도 다 아는 사실이다. 그러나 2012년 개정까지 총 5회의 개정을 거친 건전가정의례의 정착 및 지원에 관한 법률, 그리고 건전가정의례준칙은 여전히 존재한다. 이 현실은 규제를 폐지하기가 얼마나 어려운지 그리고 사문화된 규제의 존재를 체감하게 해 주는 좋은 사례다.

한국 정부의 규제관리체계는 기존 규제의 유효성과 효과성에 대한 정기적인 점검과 이를 기반으로 하는 유지 보수를 기본으로 하고 있다. 「행정규제기본법」은 '기존 규제 정비'를 규제개혁위원회의 중요 업무로 설정하고 있다. 모든 부처가 매년 규제 정비계획을 세워 규제개혁위원회에 제출하고 그 결과를 보고해야 한다.

신설 규제에 대해서는 시장 진입 제한 규제, 과다한 비용 유발 규제, 신산업 관련 규제의 경우 반드시 3년을 주기로 규제의 목표 달성 여부 등을 감안해 규제를 재검토할 것을 명시하고 있다. 이에 더해 5년의 유효 기한을 설정하는 효력상실형 일몰제도도 보완적으로 운영하고 있다.

이 모든 조치가 바로 규제의 유지, 보수, 폐기를 위한 제도적 장치들이다. 「행정규제기본법」은 1998년 2월 28일부터 시행됐다. 기존 규제 정비와 신설 강화 규제 심사, 일몰제 등은 지난 25년 동안 언제나 「행정규제기본법」의 중심으로 자리 잡고 있었던 것이다.

그런데 우리는 오늘날 여전히 낡은 규제, 유효 기간이 만료된 규제, 산업의 발전을 수용하지 못하는 규제와 씨름하고 있다.

그 원인은 무엇일까? 가장 큰 요인은 아마도 행정부의 역량 밖의 변수일 것이다. 국회에는 기존 법률 정비와 신설 강화 법률 심사, 법률일몰제를 강제하는 제도가 없기 때문이다. 국회가 새로운 법률을 쏟아 내면 행정부로서는 방법이 없다.

그렇다고 행정부의 책임이 면책되는 것은 아니다. 과연 우리 정부는 규제의 체계적 유지, 보수, 폐지에 적극적이었는가? 필요할 경우 국회의원들의 핀잔을 받더라도 소신 있게 국회를 설득하기 위해 노력을 기울였는가? 원론적이지만 나아갈 길은 간단하다. 「행정규제기본법」상 규제 관료들의 의무를 어떤 상황에서건 성실하게 이행하는 지속적인 노력과 헌신이 공직사회에 자리 잡아야 한다.

한 가지 추가적으로 지적할 점은 유지, 보수, 폐기해야 할 규제 및 규제 조문을 어떻게 찾을 것인가 하는 점이다. 두 가지 접근법이 있다. 하나는 전수조사 기법이고 또 하나는 우문현답 기법이다.

전수조사 기법은 특정 분야의 규제를 주기적으로 전수조사해서 낡고 유효성을 상실한 규제를 폐기하는 것이다. 예를 들어 국무조정실이 실시한 인증 규제, 조달 규제, 지방 규제, 행정조사 부담 전수조사 같은 것이다. 분야를 정해 그 분야의 모든 규제에 대해 유효성과 효과성을 검증하는 것이다.

전수조사는 특성상 주기적으로 반복돼야 한다. 인증 규제의 경우, 2015년 국무조정실 전수조사를 통해 203개에서 131개로 줄여 놓았으나, 이후 다시 줄어든 숫자만큼 더 늘어났다. 인증을 운영하는 것은 국무조정실이 아니다. 각 부처다. 각 부처에 인증개발은 부처의 영향력을 확대하는 중요한 수단 중 하나다. 그래서 가만 놔두면 다시 늘어난다. 인증 같은 규제와의 싸움은 그래서 두더지잡기 게임과 같다.

「행정규제기본법」상 재검토 주기가 3년이듯이 인증도 3년을 주기로 전수조사를 반복해야 하는 이유다. 일몰제도가 개별 규제에 해당하는 것이라면 이것을 분야별 규제의 장으로 옮겨 놓는 것이 주기적 전수조사다. 위에서 예시한 조달 규제, 지방 규제, 행정조사 부담 등도 모두 주기적으로 반복해야 효과가 지속된다. 3년을 주기로 잡초를 솎아 내는 일을 정부 각 부처가 해야 하는 것이다.

우문현답 기법은 '우리의 문제는 현장에 답이 있다'는 정신을 실천하는 것이다. 규제 관료들은 주기적으로 자신이 운용하는 규제가 현장에서 어떻게 적용되고 있는지를 현장에 가서 파악해야 한다.

간접적으로 현장을 방문하는 방법도 있기는 하다. 경제단체나 유관 민간단체, 기업인 들을 초청해 간담회를 갖는 것이다. 참가자들이 현장의 애로를 전달해 주도록 요청하는 것이다.

공무원 시간표상 현장을 일일이 방문할 수 없는 현실은 누구나 인정한다. 그러나 반복해서 제기되고 있지만 개선되지 않는 규제가 있다면 현장을 방문해 무슨 일이 벌어지는지를 파악해야 한다.

도시공원의 양측에 건물을 지은 한 반도체 회사가 도시공원 내 산을 관통하는 연결 통로를 만들지 못해 반복해서 민원을 제기한 사례가 있다. 그러나 누구도 현장에 가 보지 않았다. 그 결과 내놓은 해법이라는 것들이 모두 현장 적용이 불가능했다. 규제조정실이 현장을 방문하고 관련 지방자치단체, 국토교통부와 현장 간담회를 진행해 해결했다.

　특히 환경 규제, 노동 규제, 안전 규제 등은 책상에 앉아서 최선으로 운영할 수 없다. 규제 현장에 나가 보면 사무실에서 상상하고 가정했던 규제 현실이 망상에 불과했다는 사실을 쉽게 깨닫게 된다.

　전수조사와 우문현답 기법은 따라서 규제개혁에 진심인 정부조직이라면 상시화해야 할 규제의 체계적 유지 · 보수 · 폐기 수단이다.

한국과 영국의 규제일몰제도 비교

한국 정부는 중요 규제와 관련해서 체계적 유지, 보수, 폐기를 검토하기 위해 일몰 규정을 운영하고 있다. 국무조정실 규제조정실이 펴낸 '규제개혁 매뉴얼'(2016)은 21쪽에서 43쪽까지 규제일몰제에 대해 설명하고 있다.
(1) 시장 진입 등 자유로운 경쟁을 제한하는 규제인가? (2) 10억 원 이상의 직접비용이나 100억 원 이상의 간접비용을 피규제자에게 발생시키는 규제인가? (3) 융복합 신산업, 신기술, 각종 표준 등 급격한 환경 변화와 관련된 규제인가? 등 세 가지 기준 어느 하나에만 해당해도 일몰 설정을 의무화하고 있다.
일몰은 재검토형 일몰과 효력상실형 일몰로 나뉜다. 재검토형 일몰은 3년을 주기로 규제가 목적을 달성하고 있는지를 주기적으로 판단하는 것이고, 효력상실형 일몰은 기한(5년)을 정해 규제 자체를 폐기하는 것이다.
이를 영국과 비교해 보면, 영국은 일몰이라는 표현보다는 PIR(Post-implementation review)이라는 말을 사용한다. '규제를 준수하기 위해 기업이 연간 부담해야 하는 직접적인 비용(Equivalent annual net direct cost to business: EANDCB)'이 5백만 파운드(약 75억 원)을 초과하면 PIR 프로세스를 밟도록 의무화하고 있다.

재검토 기한은 규제 시행 후 5년 주기다. 규제의 일부나 전체에 대해 일몰(sunset)을 걸어 놓은 규제의 경우에는 7년 일몰을 원칙으로 한다. 일몰이 규정된 규제의 경우는 통상적인 재검토 기한(5년)을 활용해 일몰에 대비하는 것을 권고하고 있다.

한국과 영국의 제도를 비교하면, 영국은 한국과는 달리 '기업에 미치는 직접적인 연간 규제 준수비용'이라는 하나의 기준을 갖고 있으며, 금액 기준으로 보면 영국이 한국보다 7.5배 높다. 규제 재검토 주기도 한국보다 2년 더 길다. 이러한 차이는 한국이 영국에 비해 재검토해야 할 규제가 상대적으로 더 많다는 것을 의미한다.

일몰 도입 초기에 규제개혁의 의지를 담아 가급적 더 많은 규제에 일몰을 적용하는 것을 목표로 했기 때문이다. 그러나 심사 대상 규제 숫자보다 중요한 것은 심사가 실질적으로 이뤄지는 일이다. 심사 건수가 많다 보면, 심사가 형식적이 되고 그 과정에서 꼭 없애야 할 규제도 버젓이 살아남을 수 있다.

따라서 일몰 기준과 기한과 관련해서는 적정성과 효과성에 대한 재검토가 있어야 할 것으로 판단한다.[20]

---

20) 영국의 규제 사후평가 매뉴얼에 대해서는 다음을 참조할 수 있다. *Better Regulation Framework: Interim Guidance*(Department for Business, Energy & Industrial Strategy, 2019), *Producing Post-Implementation Reviews: Principles for Best Practice*(Department for Business, Energy & Industrial Strategy, 2021), *Green Book: Central Government Guidance on Appraisal and Evaluation*(HM Treasure, 2022).

규제개혁 시민행동 가이드 13

사문화된 규제라도 살아 있으면 위협이다. 공무원들이 언제 현실에 맞지도 않는 잣대를 들이대 나를 괴롭힐지 모르기 때문이다. 나와 관련된 사문화된 규제, 즉 규제는 있는데 현실에 맞지 않고 시행도 제대로 되지 않는 규제가 있는지 살펴보고 없앨 것은 없애야 한다. 이러한 규제의 경우 특히 언론의 좋은 먹잇감이다. 나의 문제를 해결하기 위해서라면 언론도 동원하겠다는 적극적 자세를 갖는 게 필요하다

제2부
나쁜 규제에 대한 슬기로운 대응법

‖ 제2부 ‖
나쁜 규제에 대한 슬기로운 대응법

시민 주도,
제대로 된 규제개혁

진정한 규제개혁을 위해서는 규제개선에 대한 수준 높은 요구가 있어야만 가능하다. 규제는 특성상 경직성이 있어서 사회 변화에 맞게, 유연하게 스스로 적응할 수 없는 성격을 갖고 있다. 규제는 일정한 행정 절차를 거쳐 고치는 작업이 선행돼야 하기 때문이다. 또한 담당 공무원은 규제 애로를 정확히 알기 어렵기 때문에 규제와 현실의 괴리를 가장 잘 아는 현장전문가의 문제 제기가 반드시 필요하다.

규제를 둘러싼 논란은 주로 규제 공백, 모호한 규제, 규제 과잉, 규제 지체 현상에서 비롯된다. 그리고 그 이면에는 복잡한 이해관계나 사회적 가치관의 차이, 규제개선 후에 나타날 영향에 대한 이견이 내재해 있다. 그래서 규제를 담은 문장의 문구는 단순한 글자가 아니다. 다양한 의견을 가진 이해관계자와 정부기관들이 치열한 토론을 통해 합의에 이른 내용이다. 규제를 개선한다는 것은 규제 문구에 내포돼 있는 이해관계와 가치에 지각 변동을 일으키는 것이다. 이해관계나 가치 갈등이 첨예한 규제를 한

글자도 바꾸기 어려운 것은 이 때문이다.

　규제개혁은 이런 이해와 가치의 휴전 상태로서 존재하는 규제를 바꾸는 것이다. 그렇기 때문에 일방적 결정으로는 그 누구도 규제개혁을 성공시킬 수 없다. 국가와 사회 발전의 틀 안에서 합의를 형성해 나가는 과정이 필요한 것이다. 이를 위해서는 '소통의 과정', '창작의 과정', '결단의 과정'을 거쳐야 한다. 물론 이 세 가지 과정은 필요 조건이지 충분 조건은 아니다. 그러나 이런 과정을 거치지 않고서는 쟁점 규제나 핵심 규제를 풀어 나가기 어렵다.

　소통의 과정이란 규제를 둘러싼 관계자들이 상호 입장을 충분히 이해하고 쟁점을 명확히 하는 과정이다. 찬성과 반대 측에서 펼치는 여러 명분과 주장 속에는 정말로 물러설 수 없는 핵심적인 이해와 가치가 있고, 이를 서로 가감 없이 드러내어 오해와 감정적 대립을 해소하면서 대화와 타협을 해 나가는 것이다. 이 과정을 통해 불필요한 갈등을 최소화하고 공감대를 형성해 나갈 수 있다. 규제의 성격에 따라 소통을 위한 거버넌스를 다양하게 구축할 수도 있다. 또한 이해관계가 첨예하면 갈등관리의 다양한 기법도 활용될 수 있다.

　창작의 과정이란 소통의 과정에서 정리된 쟁점을 해결할 수 있는 대안을 창출하는 과정이다. 규제개혁을 찬성과 반대라는 두 가지 선택지 중 하나를 선택하는 프레임으로 놓고 논쟁을 이어 가면 문제가 해결되지 않는다. 찬반의 입장 사이에 있는 다양한 스펙트럼을 바탕으로 접점을 찾아야 한다. 규제개혁은 개선 제안 내용을 수용과 불수용 중에서 하나를 선택하는 것이 아니라 개선의 필요성이 인정되면 개선 후 예상되는 쟁점의 해결을 위해 정책을 새롭게 수립하는 행위다. 예컨대 규제개선의 필요성은 인정되나 개인정보 보호가 우려된다고 하자. 여기서 중요한 것은 '그래서 규제개선이 곤란하다'고 입장을 정리하면 안 된다는 것이다. '개선 후 우려되는 개인정보 문제를 어떻게 해결해야 하는가'까지 검토해야 한다. 바로 이런 점에서 규제개혁은 선택의 행위가 아니라 '창작의 행위'다.

결단의 과정이란 다양한 리스크를 안고 규제를 개선하기로 과감히 결정하는 것이다. 소통의 과정과 창작의 과정을 거쳐도 모든 쟁점이 해소되거나 리스크가 완전히 없어질 수는 없다. 규제개선 시점에 개선 효과를 정확히 예측하는 것은 불가능하기 때문이다. 오히려 의도한 효과가 나타나지 않고, 예기치 못한 부작용이 발생하는 사례가 더 많을 수 있다. 그럼에도 누군가는 결단을 해야 한다. 리스크가 없어야만 규제개선을 할 수 있다고 한다면 실제로 가능한 규제개혁의 영역은 매우 줄어들 수밖에 없다. 규제개혁은 리스크만큼이나 규제개혁을 통한 사회적 후생의 확대를 봐야 한다. 그리고 규제개혁을 통해 그렇게 걱정하는 리스크가 사회의 자생적 질서를 통해 해소되기도 한다.

그런데 규제개선을 정부에만 맡겨놔서는 안 된다. 정부가 규제개혁을 위한 소통의 과정, 창작의 과정, 결단의 과정에 이르기 위해서는 시민들의 불합리한 규제에 대한 문제 제기가 선행돼야 한다. 정부는 규제개선 과제를 발굴하기 위해 끊임없이 노력하고 있지만, 피규제자가 아닌 정부는 무엇이 규제인지조차 모르는 경우가 허다하다. 정부가 규제로 인해 피해를 보는 당사자는 아니지 않는가. 정부가 아무리 전문성과 책임성을 가져도 한계가 있다. 또한, 관료들은 규제개선 업무를 회피하려고 한다. 규제개선은 많은 자원과 노력을 투입해야 가능한 일이며, 책임이 따를 수밖에 없는 일이다. 관료의 입장에서는 적극적으로 나설 이유가 피규제자만큼 절실하지 않고, 오히려 규제를 바꿨다가 예상치 못한 문제가 발생하지는 않을까 걱정하지 않을 수 없다.

결국, 시민이 규제개선에 나서야 한다. 즉, 시민들이 주된 참여자로서 규제개선을 적극적으로 요구해야 한다는 의미다. 시민들이 규제개선 목소리를 높이고 정부가 시민들의 목소리에 귀 기울이는 과정을 통해 규제개혁은 가능하다. 시민들의 개선 요구는 단순 '민원'이 아니다. 시민들이 마땅히 누려야 함에도 규제로 인해 제약된 기본적 권리를 되찾는 행위다. 이러한 시민들의 요구를 통해 정부는 개선이 필요한 규제 목록을 업데이트하고 규제개선 방안을 고민하며, 규제개선에 실제로 나서게 되는 것이다. 시민으로서 당당한 요구일 뿐만 아니라 정부가 할 수 없는 일을 하게 만들고, 움직이지 않는 관료들을 움직이게 만드는 것으로서 규제개혁의 가장 핵심적인 축이라고 말할 수 있다.

시민과 기업의 슬기로운 규제 청원 5대 전략

규제개선에 대한 문제 제기를 어떻게 하느냐는 중요하다. 똑같은 사안이라도 요구 방법에 따라 개선 여부가 달라질 수 있기 때문이다. 규제개선은 다양한 요인의 종합적 검토가 필요하며, 민간 부문의 규제개선 필요성과 정부의 규제개선 필요성이 다를 수 있기 때문에 좀 더 호소력 있게 요구서를 작성해야 한다. 여기에서는 이와 관련된 몇 가지 포인트를 소개하고자 한다. 규제개선 요구서의 성격에 따라 취사선택해 활용할 수 있을 것이다.

악마는 디테일에, 생생하고 상세한 이슈 정리

규제 준수 과정에서 상식적으로 불합리하게 느껴지는 사안이 있다면 요구해야 할 규제개선 내용을 검토해 볼 필요가 있다. 첫째, 무엇이 문제인지를 전체적으로 파악하고, 둘째, 어떤 규제 때문에 이런 문제가 발생하는지, 셋째, 문제 상황을 어떻게 개선해야 하는지를 명확히 한다. 담당 공무원이 이런 내용을 잘 모른다는 전제에서 작성하되, 생생하고 살아 있는 사례가 담기는 것이 좋다.

특히 현장의 문제점과 규제 간의 직접적 인과관계를 잘 설명해야 한다. 또한 기업의 경미한 문제 해결을 위해 사회적 대타협이 필요한 정도의 덩어리 규제를 개선하자고 하는 것은 더 많은 검토가 필요하다. 이런 덩어리 규제들의 상당수는 정부도 그 내용을 알고 있는데 규제끼리 엮인 너무 복잡한 고리들과 이해관계, 정부부처 간 극심한 이견 등으로 해소되지 않고 있는 경우가 많기 때문이다. 따라서 이들에 도전하려면 요구서만으로는 부족하다. 사회적 논쟁을 일으키고, 제대로 붙어 보려는 다짐과 어떤 난관이 있더라도 추진하려는 돌파력, 규제에 대해 면밀한 이해에 기반한 분석 역량이 필요하다.

복잡하고 전문적인 분야의 규제일수록 현장 전문가와 규제 전문가가 협업을 하면 시너지 효과가 높아진다. 현장의 문제점과 규제의 문제점을 파악하고 이를 연계하는 작업이 필요하기 때문이다. 규제개선 건의를 살펴보면, 이 두 가지 문제점이 균형 있게 작성되는 경우가 많지 않다. 잘 작성된 요구서일수록 적극적인 검토가 이뤄진다. 규제 요구는 디테일이 중요하다. 특히 규제개선 요구를 하는 기업에서는 기획부서와 현장 부서 간 긴밀히 협업해 생생한 스토리를 담아 내야 한다. 기획부서 중심의 관성적인 규제개선 요구는 성과를 거두기 어렵다.

제3자도 동의할 수 있는 수준으로 객관화

규제개선 요구는 명백하게 불합리한 점을 중심으로 정리해야 한다. 복잡하고 전문적인 분야의 규제개선 요구라도 알기 쉽게 설명하고 납득시켜야 한다. 규제개선 과정에서는 규제의 심각성이 제대로 전달되지 않아 담당 부서에서 가볍게 검토하거나 잘못된 결론을 내리는 경우도 있다. 그러려면 주관적인 입장에서 나만의 특정한 문제를 부각하기보다는 제3자가 봐도 불합리하다고 판단할 수 있도록 객관적인 입장에서 정리해야 한다. 많은 문제를 병렬적으로 기술하는 것보다 불합리성에 대한 일관된 논점을 바탕으로 정리해야 한다. 규제개선 요구를 한번 읽어 봤을 때, "그런 규제가 현장에서 실효성은 없으면서 불필요한 부담을 주고 있다"는 점이 명확히 드러나면 규제개선의 당위성은 그만큼 높아진다.

한번 생각해 보자. 미장원이나 이발소에서 고객의 머리감기는 이미용사 면허 소지자만이 할 수 있는 업무로 규정돼 있고, 이를 위반하면 벌금 300만 원 이하의 형사 처벌 대상이었다. 황당하지만, 이 규제의 개선에도 설득의 요지가 있다. 머리감기가 이미용사의 면허 소지자만 할 수 있는 특별한 기술인지, 이 규제로 인해 발생하는 이미용실의 불필요한 부담은 없는지다. 당연히 머리감기는 자격증이 필요할 정도로 특별한 기술이 아니고, 오히려 머리감기를 이미용사 면허 소지자만 하게 규제하면, 미용실에서 고객 대기 시간이 길어지고, 머리감기를 위해 면허 소지자를 추가 채용해야 할 수도 있다. 이 정도 되면 이 규제가 왜 개선의 대상인지 명확해진다.

따라서 규제개선을 요구하기에 앞서 유념해야 할 것은 이것이다. 규제개선의 필요성에 대한 논리가 중요하다는 점이다. 규제개선 대안도 물론 중요하지만, 왜 규제개선이 필요한지에 대한 인식과 설명이 먼저다. 규제개선 대안은 필요성을 공감한 후에 함께 고민하면 된다. 제1부에서 언급한 좋은 규제의 13대 조건의 측면에서 현재의 규제가 어떠한 문제가 있는지 살펴보는 것이 규제개선의 논리를 만드는 시작점이 될 수 있다. 개선이 필요한 규제가 무엇인지를 확인하고, 그 규제가 어떠한 점에서 문제가 있는지를 점검해, 당당하게 개선을 요구한다면 시민들의 날카로운 요구에 정부가 손 놓고 있기는 어려울 것이다.

현실과 동떨어진 책상 위 황당 규제임을 설명

모든 규제는 존재의 이유가 있다. 규제의 타당성 여부를 떠나 규제가 만들어질 당시의 상황 논리를 갖고 있다. 물론 사회가 급속히 변하면서 규제는 불합리한 것으로 변모하고 시민과 기업의 발목을 잡게 된다. 특히 신산업·신기술 분야에 이런 사례가 많다. 신기술을 적용하면 국민 편익을 증진시킬 수 있으나 규제가 만들어질 당시의 특정한 이슈 때문에 금지돼 있는 사례가 많다. 이 경우 그런 특정 이슈의 해결 방안을 제시하면서 규제개선을 하는 방안을 모색하는 것이 바람직하다.

행정·공공기관은 종이에 인쇄한 우편물을 통해 국민에게 각종 고지서를 보낸다. 이것을 스마트폰 등 모바일로 전자고지를 받게 하면 편익이 크게 증가하지만 정부는 개인정보 유출 우려를 이유로 개개인의 동의를 받지 않고서는 할 수 없도록 했었다. 이런 규제의 개선을 위해선 무엇이 필요할까?

먼저 현실적으로 개인정보 유출을 방지할 수 있는 다른 기술적·관리적 방안을 검토할 필요가 있다. 행정·공공기관이 보유한 주민등록번호를 기술적으로 암호화된 연계 정보로 변환하고, 개인정보의 철저한 관리로 보호 조치를 강구하는 것도 방법일 것이다. 이런 대안이 마련되면, 현재의 종이우편 고지서를 보내는 규제를 개선하는 것이 현실 상황에 맞는 규제 개선 방안임을 강조해야 한다. 이 단계에서는 2020년 9월 기준, 행정·공공기관이 보내는 3,200만 건의 고지서를 전자화하면, 95.5억 원의 우편비용을 절감할 수가 있다는 예산 절감의 논리가 제시될 수 있을 것이다.

편의점 유리창에 반투명 시트지를 붙이게 만든 규제도 마찬가지다. 보건복지부의 이 규제는 담배 광고가 외부에서 보이지 않도록 하는 규제를 지키기 위해 담배 판매업계가 해 온 방식이었다. 편의점 내부에서 주로 종업원 뒤에 위치한 담배들과 그 광고들을 안 보이게 하려면 종업원까지 안 보이는 시트지를 유리창에 붙일 수밖에 없었던 것이다. 어떻게든 담배를 피우지 않게 만들어 보려는 보건복지부의 논리는 이해가 되지만, 이 규제는 편의점 내·외부의 시야를 차단, 종업원들의 근로환경을 악화시키거나 오히려 범죄 노출 위험을 증가시켰다.

이런 황당 규제는 어떻게 개선됐을까? 국무총리 산하 국무조정실 소속 규제심판부는 반투명 시트지를 없애는 대신 금연 광고를 부착하는 것이 합리적으로 판단하고 보건복지부에 개선 권고를 내렸다. 규제의 황당함을 걷어낼 뿐만 아니라 당초 이 규제의 도입을 정당화했던 정부의 논리인 금연을 통한 국민건강권 확보라는 부분도 충족해 준 것이다. 물론 금연 광고를 한다고 정말 금연을 촉진하는지는 별도로 연구해야 할 주제이지만 말이다.

나만이 아니라 많은 사람을 힘들게 하고 있음을 강조

규제개선 요구는 나뿐만 아니라 관련되는 모든 사람의 문제를 해결하는 것이다. 세상에 나만의 문제를 해결하기 위한 규제개선은 없다. 규제개선은 나의 문제를 계기로 불합리한 부분이 드러나, 그것이 공적으로 시정되면서 동일하거나 유사한 분야에 있는 사람들이 모두 개선 효과를 누리는 것이라는 점을 염두에 두는 것이 좋다. 여기서 생각해 볼 것이 규제개선을 통해 나만의 문제 해결을 요구해서는 안 된다는 것이다.

A 아파트단지는 노후화된 기존 CCTV를 외부 PC나 스마트폰으로도 영상을 확인할 수 있는 네트워크 카메라로 교체하기로 하고 설치 공사를 했으나 관할 구청에서는 이를 위법으로 판단했었다. 150세대 이상의 아파트는 방범 카메라 설치가 의무화돼 있고 CCTV(폐쇄회로 텔레비전) 방식만 허용돼 있기 때문이었다. 이 경우 규제개선의 타당성을 더욱 높이기 위해서는 이것이 다른 아파트 단지의 문제점이기도 함을 보여 줄 필요가 있다. 즉, A 아파트 단지의 네트워크 카메라가 불법이라면 A 아파트 단지는 물론 다른 단지(100여 개 단지 약 4만 세대)의 시설 철거가 불가피하며, 앞으로 신축될 수많은 아파트 단지에 과거 기술로 만들어진 CCTV를 설치해야 하

는 상황임을 제시할 수 있을 것이다. 아울러 네트워크 카메라가 CCTV보다 방범 효과가 우수한 신기술에 기반한 제품임을 보여 준다면 규제개선은 더욱 가속도가 붙을 수가 있다.

다른 사례로 산업단지에 입주한 기업들 중 관할 행정청이 너무 먼데 어려움을 겪어 자기들과 가까운 행정기관을 소관 행정청으로 지정해 줄 것을 요구하는 경우가 있다. 산업단지에 입주한 기업으로서는 "한국산업단지공단이나 자체단체 소속 산업단지 관리기관들, 혹은 가까운 동사무소에서 처리해도 무방하지 않을까, 그럼 훨씬 편리할 텐데" 이렇게 생각할 수도 있다. 그런데 사실 이런 요구는 현실적으로 수용하기 어렵다. 정부 내 관할사무를 이관하는 것도 쉽지 않지만, 더 큰 문제는 이렇게 소관 행정청을 이전하면, 이제 다른 산업단지의 기업들은 거리가 멀어져 행정 부담이 커질 수도 있기 때문이다. 좀 멀긴 했지만 지금의 방식이 나은데, 더 먼 곳으로 가야 할 수도 있고, 자기들의 업무를 잘 알고 있어서 행정처리가 빨랐던 기존 방식을 포기하고 굳이 복잡한 일처리를 해야 할 수도 있기 때문이다. 현실적으로 규제를 운용하는 정부로서도 나만의 문제를 해결한다는 규제를 수용하긴 어렵다.

정부의 걱정거리를 미리 예측해서 대응

정부가 규제개선 여부를 검토하면서 중요하게 고려하는 요인은 안전, 이해관계자, 형평성의 문제다. 안전상 문제 발생 가능성이 있거나, 이해관계자의 강한 반발이 예상되거나, 형평성 문제가 제기될 가능성이 있다면 규제개선을 긍정적으로 검토하기가 쉽지 않다. 정부의 이러한 우려를 해소할 수 있는 중요한 자료가 객관적인 데이터와 다른 분야의 유사 사례다. 물론 쉬운 작업은 아니지만 정부의 고려 사항에 대한 사전 대응은 규제개선의 수용가능성을 높여 줄 수 있다.

원래 미용실은 별도 분리된 영업 공간에서 각각의 시설과 장비를 갖춘 경우에만 영업이 가능한 1개 미용실, 1개 사업자가 원칙이었다. 공유 미용실은 위생과 안전상 사업자 간 책임 모호 우려 등의 이유로 금지돼 왔던 것이다. 그런데 공유 미용실은 자본은 없지만 젊고 실력 있는 미용사들의 창업을 용이하게 하기 위해서는 필요하다. 실제로 공유 미용실이 된다면 기존 미용실 대비 1개소당 권리금, 실내공간 구성 비용 등 1억 4천만 원 정도의 절감이 추정되기도 했다. 이 경우 정부의 걱정은 무엇일까? 바로 위생과 안전이란 문제다. 위생과 안전상의 우려가 있으면 아무리 그럴듯한 설득 논리를 갖춰도 정부의 규제개혁 요구에 수용을 이끌어 내기 어렵다. 당시 이 규제는 샴푸실, 고객대기실, 열기 이용 두발 펴머기구 등 공용 공간 및 시설에 대한 위생·안전 관련 사업들 사이에서의 책임의 분담을 명확화하고, 책임보험을 가입하는 조건으로 개선이 이뤄졌다. 특히 책임보험 가입이란 조건은 정부로서는 안전상의 우려에 대한 대책으로 규제개선 수용을 결정하는 데 중요한 전제가 됐을 것이다.

이런 의미에서 불합리한 규제에 대해 민간이 직접 규제영향분석을 시도하는 것도 의미가 있다. 규제의 불합리성은 일부 사례나 스토리로도 설명할 수 있지만 결국에는 정확한 수치로 보여 줘야 한다. 종이영수증 의무

발행 규제로 인해 일 년에 얼마나 많은 종이영수증이 발급되는지, 그 비용은 얼마인지가 계산돼야 정책 당국자를 설득할 수 있다. 이것은 사회적 논란이 큰 규제일수록 더 필요하다. 수도권 규제와 같은 큰 규제를 문제 삼으려면 그것이 초래하는 사회적 비용을 기업의 투자, 일자리 창출 지체와 같은 구체적 사항에 대한 분석이 필요하며, 아울러 수도권 규제로 정부가 기대하는 것처럼 수도권에서 지역으로 이전하는 기업이 얼마나 되고, 그로 인한 지역 균형 효과는 얼마나 있는지도 분석해야 한다. 그리고 이 두 수치를 비교해 명료한 데이터를 제시할 수 있어야 한다.

물론 이런 분석에도 불구하고 정부는 걱정거리가 많다. 지금 상태에서 규제를 개선했을 때, 다른 생각을 갖는 사람들, 상충된 이해당사자들의 반발이 예측되기 때문이다. 이런 반발이 강력할수록 정부는 규제개선에 망설이게 된다. 아무리 과학적 분석이 명료해도, 정부의 소극성은 쉽게 극복되기 어렵다. 어떤 경우는 정부가 한번 해 보려고 해도 국회의 반대로 못하는 경우도 있다. 물론 규제개선과 관련한 이런 정부의 걱정은 규제를 소관하는 정부부처나 담당자의 몫이겠지만 규제개선 요구를 하는 민간에서 대안을 찾아 제시해 볼 수 있는 부분이기도 하다. 그렇게 되면 그만큼 규제개선이 더 용이해진다.

규제개선 요구,
이렇게 하라

지금까지 좋은 규제의 조건과 규제개선을 호소력 있게 하는 방법에 대해 소개했다. 그렇다면 대한민국 시민, 당신은 이제 규제개선을 요구할 준비가 됐는가? 이제부터는 규제개선 요구 방법을 알아보도록 하자.

규제개선을 요구하는 방법은 다양해, 정답이 있는 것도 아니다. 규제 내용에 따라 그리고 규제 상황에 따라 방법은 달라질 수 있다. 신기술에 관한 규제의 개선에 효과적인 방법이 있는가 하면, 지방정부 규제개선에 특화한 방법도 있다. 규제개선 요구를 시민이 직접 할 수 있는 방법이 있는가 하면, 전문가의 도움을 받을 수 있는 방법도 있다. 지금부터 소개할 여러 방법 중에 자신의 문제를 해결하는 데 가장 효과적인 것이 무엇일지 스스로 판단해서 선택하면 된다. 무작정 여러 채널을 통해 요구하기보다 가장 적절한 채널을 선택해서 집중할 필요가 있다.

규제개혁신문고 활용

가장 먼저 소개하고자 하는 것은 규제개혁신문고(www.sinmungo.go.kr)다. 규제개혁신문고는 국민들로부터 규제 애로에 대한 의견을 청취하는 것으로서 「행정규제기본법」 제17조에 근거한 것이다. 이 제도는 국민으로부터 규제와 관련된 애로 요인을 직접 청취해 이를 해소해 주는 것으로, 규제로 인한 국민들의 불필요한 부담을 완화시킨다는 측면에서 규제개혁의 취지에 타당하다. 정부에서 규제개혁신문고를 시행한 것은 노무현 정부에서 규제신고센터를 설치해 규제 민원을 처리하던 데에서 기인한 것이다. 그리고 이명박 정부에서 잠시 폐지됐던 이 센터가 박근혜 정부 들어 규제개혁신문고라는 제도로 다시 부활했다.

한편 규제개혁신문고 제도는 운영에 따라 기존 규제개혁에 매우 중요한 수단으로 활용할 수 있다. 기존 규제개혁에서 통상 각 부처 및 규제개혁 전담 행정부 기구들에서 가장 애로를 겪는 것이 개선 과제의 발굴인데, 규제개혁신문고의 경우, 규제로 애로를 겪고 있는 당사자가 직접 규제개선이 필요한 과제를 청구하는 것이기 때문이다. 따라서 규제개혁신문고를 활발하게 운영할 수 있으면 각 부처가 규제개혁 과제의 발굴에 드는 노력을 줄일 수 있다. 솔직히 불합리한 규제의 존재에 대해서는 규제자인 정부보다는 규제를 적용받는 시민과 기업이 훨씬 민감하고, 잘 알 수 있다. 규제를 좀 더 잘 아는 당사자가 규제의 애로를 제시하는 장치, 그것이 규제개혁신문고인 것이다. 시민들이 활발하게 규제 애로 과제를 제안하게 된다면, 각 부처는 이렇게 문제가 제기된 규제개혁 과제의 타당성을 따지는,

좀 더 본질적인 규제개혁 업무에 치중할 수 있게 된다.

규제개혁신문고가 실효적으로 작동되기 위해서는 시민들로부터의 규제개선 청구에 대해 정부가 최대한 충실하게 수용과 불수용을 확인해 주는 것이 필요하다. 그리고 만약 불수용의 경우라면 시민들에게 건의를 받아들일 수 없는 이유를 충분히 설명하는 일이 필요하다. 일반시민의 입장에서 보면, 규제개혁신문고를 통해 규제개선이 이뤄질 가능성이 높다고 생각할수록, 정부가 규제 애로에 대해 충실하고 성실하게 설명한다고 생각할수록, 규제 애로의 건의를 위해 규제개혁신문고를 활발하게 활용할 것이다. 그리고 이러한 시민의 참여는 각 정부부처가 규제개선 과제 발굴에 들이는 수고를 덜어 줄 수 있을 것이다.

규제개혁신문고는 2014년부터 규제정보포털 내에 설치됐고, 2017년부터는 전용 홈페이지를 두고 운영하고 있으며, 2018년부터는 법적 근거까지 마련했다. 「행정규제기본법」 제17조에 "누구든지 위원회에 고시 등 기존 규제의 폐지 또는 개선을 요청할 수 있다." 등이 규정됨으로써 명실상부한 대한민국의 대표적인 시민 참여 채널이 됐다. 규제개혁신문고의 홈페이지 첫 번째 화면에는 '국민이 만드는 규제혁신'이라는 문구나, '국민의 소리가 규제혁신의 방향입니다'라는 문구가 있어, 이 제도의 목적을 분명히 보여 준다.

규제개혁신문고를 통해 실제로 많은 규제개혁이 이뤄지고 있다. 우리 주변에 얼마나 많은 규제가 있는지, 2022년 한 해 동안만 총 3,383건의 규제 건의가 접수·처리됐다. 그중 전부 또는 일부 수용된 건의가 965건(28.6%)이고, 중장기적으로 검토하기로 한 건의도 159건에 이른다. 수용

곤란으로 답변한 건의는 1,894건이었다. 건의 내용을 살펴보면, 국민 생활과 관련된 것이 대다수를 차지하고 있다. 규제개혁신문고는 국민에게 가장 가까이에 있는, 편하게 이용할 수 있는 채널이다.

규제개혁신문고를 통해 개선된 규제의 예를 들어 보면, '청소년 위·변조 신분증으로 인해 피해 보는 선량 자영업자 억울한 피해 해소'가 있다. 찜질방 등 공중위생업소에 청소년이 위·변조 신분증을 활용해 출입하고자 하면 자영업자들은 막기 어렵다. 그런데도 정부는 자영업자에게 일률적으로 행정처분을 부과하니 자영업자들의 입장에서는 억울하지 않을 수 없었다. 숙박업소의 경우 이성 혼숙을 허용했다가 한 차례 적발로만 영업정지 2개월의 처분을 받게 된다. 이 문제에 관한 자영업자의 건의가 있어, 「공중위생법」 개정을 통해 자영업자가 청소년임을 확인하지 못한 불가피한 사정이 있는 경우 행정처분을 면제 또는 경감하기로 했다.

구체적으로 규제개혁신문고 이용 절차를 살펴보자. 방법은 간단하다. 홈페이지에서 본인 인증 후 전화번호와 주소만 입력하고 나면 규제개선을 건의할 수 있다. 규제기관이 정부부처인지, 아니면 지자체인지, 관련 법령이 무엇인지 선택하게 돼 있다. 이 선택은 필수가 아니다. 반드시 작성해야 하는 것은 규제 내용과 문제점(불편 사항) 그리고 개선 의견이다. 첨부파일도 추가할 수 있다. 규제개선 건의를 작성할 때 각각을 구체적으로 적으면 적을수록 좀 더 정확한 답변을 받을 수 있다는 점에서 최대한 구체적으로 적기 위한 노력이 필요하다.

규제개혁신문고의 처리 절차는 다음 그림과 같다. 소관 부처는 건의를 받으면 14일 이내에 답을 하도록 돼 있다. 답변이 미흡하다고 판단하면 추

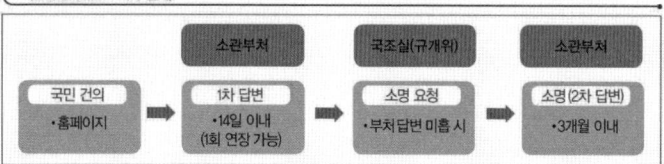

- 1차 답변: 소관부처는 규제건의 접수일로부터 14일 이내에 규제 건의의 수용 여부에 대하여 책임자 실명으로 답변하여야 한다.
- 소명 요청: 국무조정실은 답변의 타당성을 검토하여 답변이 불충분하다고 판단되는 경우에 접수일로부터 3개월 이내에 소관 부처에 규제의 존치 필요성 등에 대한 소명을 요청한다.
- 소명(부처 2차 답변): 국무조정실은 부처 답변이 불합리하거나, 행정환경 변화 등으로 개선 필요성이 인정되는 규제에 대해 부처가 소극적·관행적으로 답변한 경우 규제존치 필요성 등을 원점에서 소관부처에 재검토하도록 요청하고 있다. 소관부처는 소명대상 규제에 대해 전문가 간담회, 현장방문 등 심층적인 검토 과정을 거쳐 3개월 이내에 소명하여야 하며 불가피한 경우 국민이 이해할 수 있는 합리적 사유를 상세히 설명하여야 한다.

출처: 2022 규제개혁 백서, p. 124.

가 설명을 요청할 수도 있다. 그리고 국무조정실은 부처 답변이 불합리하거나 개선 필요성이 인정되면 소관 부처에 재검토를 요청한다. 1차 답변은 현안 담당 국장급 공무원이 하고, 2차 답변은 실장급 공무원이 검토한다. 이처럼 규제개혁신문고는 소관 부처의 고위공무원이 직접 추가 설명하도록 설계돼 있기 때문에 규제개선을 이끌어 내기가 좋다. 그만큼 위상이 높은 규제개혁 채널이라는 말이다.

규제개혁신문고의 장점 중 하나는 익명이 보장된다는 점이다. 물론 신청할 때는 본인 인증을 거쳐야 하지만 규제 부처에서는 신청인의 정보를 알 수가 없으므로 부담 없이 신청할 수 있다. 그런데 한 가지 유의할 점이 있다. 국민신문고(www.epeople.go.kr)와 구분은 해 볼 필요가 있다. 규제개혁신문고와 국민신문고는 이름부터 유사하다. 국민신문고는 민원을 접

수·처리하는 채널이며 규제개혁신문고는 규제의 폐지나 개선을 요청하는 것으로서 차이가 있다. 규제개혁신문고와 달리 국민신문고는 담당부처 실국장의 실명 답변에 대한 의무가 없다. 규제개혁신문고에서 접수된 건의 중 규제개선 건의에 해당하지 않는 것은 국무조정실의 규제조정실이 국민신문고로 이첩한다.

자, 이제 주저하지 말고 나의 규제 애로를 규제개혁신문고에 올려 보자. 거의 30%의 확률로 규제의 굴레에서 벗어날 수 있다면 시도하지 않을 이유가 없다.

규제개혁 시민행동 가이드 14

규제개혁신문고에 개선을 요구한다고 문제가 다 해결되는 것은 아니다. 30%가량의 높은 수용률이지만 여전히 70% 정도는 수용되지 않는다. 여기서 중요한 것이 규제개혁신문고에 올리면 공무원들이 알아서 잘 처리해 줄 것을 기대하면 안 된다는 점이다. 접수받은 제안 사항들 가운데에서 대다수는 부처에 전달되고, 부처가 1차적으로 수용 여부를 결정한다. 그렇기 때문에 특히 부처의 반대가 예상되는 규제 건의의 경우에는 신문고에 접수할 때 좀 더 적극적인 자세가 필요하다. 규제개혁신문고 업무를 담당하는 국무조정실 규제조정실 규제정비과 담당자에게 면담을 정식으로 요청하고 직접 설명하는 게 좋다. 그래야 국무조정실의 규제조정실 공무원들이 여러분의 사정을 제대로 파악해 부처의 답변에서 무엇이 문제인지를 파악할 수 있기 때문이다.

규제 샌드박스 신청

여러분이 신기술을 활용해서 새로운 제품과 서비스를 만들고자 하는데,

규제 때문에 어려움에 봉착했다면, 규제 샌드박스 신청을 추천한다. 규제 샌드박스는 사업자가 신기술을 활용한 새로운 제품과 서비스를 일정 조건(기간·장소·규모 제한)하에서 시장에 우선 출시해 시험·검증할 수 있도록 현행 규제의 전부나 일부를 적용하지 않는 것을 말하며, 그 과정에서 수집된 데이터를 토대로 합리적으로 규제를 개선하는 제도다. 2016년 영국 정부가 처음으로 도입했고, 우리나라는 2019년부터 시행하고 있다. 아이들이 모래놀이터(sandbox)에서 안전하게 뛰어놀 수 있는 것처럼 시장에서의 제한적 실증을 통해 신기술을 촉진하는 동시에 이 기술로 인한 안전성 문제 등을 미리 검증하는 것을 목적으로 하고 있다.

어떤 신기술이든 신청할 수 있다. 분야를 따질 필요가 없다. 국무조정실이 제도의 기획과 총괄 운영을 담당하고, 과학기술정보통신부, 산업통상자원부, 금융위원회 등이 제도 운영을 하고 있다. 쟁점 과제에 대해서는 '규제 샌드박스 관계 부처 TF'가 조정 역할을 맡는다. 그리고 각 부처는 신청 과제 접수 및 컨설팅 업무를 지원할 전담기관까지 별도로 운영한다.

규제 샌드박스 제도는 시작된 지 오래되지 않았음에도 불구하고 많은 호응을 얻고 있다. 2022년에만 228건의 규제 샌드박스 과제가 승인됐다. 2019년 1월에 시작해서 4년 동안 총 860건의 과제가 승인된 것이다. 산업 융합 분야가 가장 많은 327건이며, 혁신금융 237건, ICT 융합 162건이 뒤를 잇고 있다. 860건 중 21%에 해당하는 181건의 과제가 규제특례를 통한 실증 테스트 결과 안정성과 효과성이 입증됐고 규제 법령 개정 등을 통해 규제개선이 완료됐다. 규제개선이 안 된 과제가 여전히 많지만 향후 규제개선 수는 더욱 늘어날 전망이다. 규제 샌드박스 제도는 규제 법령 개정으로 이어지기 때문에 규제개선 효과도 크다.

대표적 사례가 '무선충전 기술이 여는 전선 없는 미래'다. 최근 무선충전 기능이 확산하고 있는데 충전기 하나로 여러 전자제품을 원거리에서 충전하는 기술은 세계 전역에서 4개 기업들만 갖고 있다. 우리나라 기업인 ㈜워프솔루션도 다중 무선충전 기술을 보유하고 있는데, 이 업체는 900Mhz 대역 주파수를 활용하고 있다. 그런데 국내 전파법상 900Mhz 대역이 무선충전용으로 배분되지 않았다는 점이 문제였다. 주파수 분배가 안 되다 보니 방송통신 기자재 등의 적합성 평가 기준조차 없어 적합성 평가도 받기 어려운 상황이었다. ㈜워프솔루션은 대한상공회의소를 통해 규제 샌드박스 실증특례를 신청했고 정부는 실증특례를 부여했다. ㈜워프솔루션은 이 기술을 활용해 최근 다양한 분야로 사업을 확장하고 있는 중이다(국무조정실, 2021).

그렇다면 규제 샌드박스는 어떻게 신청하나? 규제정보포털에서 신청하고자 하는 분야를 선택하는 것이 시작이다. 홈페이지에서 신청하기를 누르면 각 분야별 지원기관이 운영하는 신청 페이지가 연결되는데, 예를 들어 정보통신기술(ICT) 융합 분야를 신청하면 정보통신산업진흥원에서 운영하는 홈페이지가 연결된다. 규제 샌드박스에는 '신속처리', '임시허가', '실증특례'의 세 가지 유형이 있으므로 그에 맞는 신청서와 관련 서류들을 제출하면 된다. 신청서에 신청인에 대한 정보와 신청하고자 하는 기술이나 서비스에 대한 설명을 추가해 제출하면 되고, 소관 부처나 기관을 알고 있다면 그것을 기재해도 좋다.

어느 부처에 신청할지 잘 모르겠으면 대한상공회의소의 지원을 받는 것

출처: 대한상공회의소 규제 샌드박스
지원센터 홈페이지.

도 좋은 방법이다. 대한상공회의소는 민간 전담기관으로서 분야를 구분하지 않고 규제 샌드박스 신청을 적극 지원하고 있다. 신청인 정보와 신기술 개요, 규제 애로 사항, 관련 법령 및 제도에 대한 소개를 자유롭게 기재해 신청하면 되며, 간략한 내용만 적어도 대한상공회의소 직원이 현장을 방문하거나 상담을 실시해 세부 절차를 진행하니 편리하다.

규제 샌드박스를 신청하면 담당 부처는 신청 과제를 접수한 날로부터 90일 이내에 각 부처 특례심의위원회에 상정하게 돼 있다. 특별한 사정이 있는 경우 1회에 한해서만 30일 연장이 가능하다. 전문 분과위원회에서

관계 부처와의 쟁점 협의·조정 후, 민간 전문가가 과반수 이상 참여하는 규제특례심의위원회에서 최종 심의·의결한다. 위원회는 신청 사업의 혁신성, 이용자의 편익과 함께 사업으로 인해 발생할 수 있는 위험 등도 함께 심의해 특례 부여 여부를 결정하게 된다.

물론 규제 샌드박스를 신청했다고 해서 모든 게 해결되는 것은 아니다. 제도 주관부처는 긍정적이지만 규제 담당부처는 부정적일지 모른다. 신속확인을 요청했는데 외면받을 수 있다. 때로는 임시 허가를 해도 되는 일을 실증특례 사업을 하도록 규제 담당부처가 요구할 수 있다. 당초 예상과 달리 처리 기간이 늦고 부대 조건이 많이 달릴지 모른다. 실증특례 기간이 너무 길 수 있고 특례가 끝났는데 규제가 해결되지 않을 수 있다. 인터넷을 찾아보면 규제 샌드박스 관련 애로 사례도 많다.

이럴 때 당황하면 안 된다. 주위에 도움을 요청하라. 민간기업의 입장에서 생각하는 대한상공회의소에 연락하라. 때로는 여론을 움직여서 공무원이 빨리 처리하도록 사회적 분위기를 만들어야 한다. 대한상공회의소 등 기업경영자단체들의 도움을 받아 신문, 방송 등 미디어에 호소하는 방법을 모색할 수 있을 것이다.

한시적 규제유예 신청

한시적 규제유예는 규제의 효력을 한시적으로 정지시키고, 그 효과를 살펴 규제의 존속 여부를 결정하는 방법이다. 이것은 이명박 정부에서 세계 최초로 고안된 규제관리 방식으로, 말하자면 우리나라가 원조다. 당시 이것이 고안된 것은 경제 위기 조기 극복 및 일자리 창출을 위한 규제개혁이 시급하다는 판단 때문이었다. 규제개혁 차원에서 경제 활성화에 부담이 되는 규제를 정해 2년간 그 효력을 유예한 후, 규제 효력 정지 기간에도 아무런 부작용이 없다는 것이 확인되면 해당 규제를 항구적으로 폐지할 수 있도록 한 제도다.

한시적 규제유예는 규제일몰제와 비교할 수 있다. 규제일몰제는 새로운 규제를 도입할 때 규제의 존속 기간을 두고 그 기간이 지나면 규제의 효력을 상실시키는 제도인 반면, 한시적 규제유예는 기존 규제 중 일부를 일시적으로 효력을 중단시킨 후 일정 기간이 지난 후, 규제의 효력을 다시 부활시키는 것이다. 물론 한시적 규제유예에서도 규제유예 기간 동안 규제유예로 인한 부작용이 없다는 것이 입증되면 해당 규제를 항구적으로 개선 혹은 폐지할 수 있다.

규제가 효력을 상실할 수 있다는 측면에서는 효과가 같다고 할 수 있으나 한시적 규제유예는 현재 실행되고 있는 규제를 대상으로 하고, 규제일몰제는 규제를 새로 만들 때 적용된다는 차이가 있다.

한시적 규제유예는 규제 샌드박스와도 비교된다. 현행 규제의 집행을 정지시킨다는 측면에서는 효과가 같다고 말할 수 있다. 그러나 규제 샌드박스는 샌드박스를 신청한 기업만을 대상으로 규제를 유예시키지만, 한시적 규제유예는 규제를 적용받는 모든 기업과 시민을 대상으로 규제 적용이 중지된다. 한시적 규제유예를 실시할 경우 혜택의 범위가 훨씬 넓어질 수 있다는 말이다.

규제일몰제

규제일몰제는 규제가 효력을 가지는 기간을 정해 정해진 기간이 도래하면, 그 타당성을 주기적으로 점검하는 방법이다. 「행정규제기본법」 제19조의2에서는 기존 규제에 대한 존속 기간을 명시하는 근거를 두고 규제일몰제를 규정하고 있다. 즉, 중앙행정기관의 장은 기존 규제에 대한 점검 결과 존속시켜야 할 명백한 사유가 없는 규제는 존속 기한 또는 재검토 기한을 설정해 그 법령에 규정해야 한다. 그리고 그 기간은 원칙적으로 5년을 초과할 수 없도록 돼 있다.
정부가 일몰이 걸려 있는 규제의 존속 기한 혹은 재검토 기한을 연장할 필요가 있을 경우에는 그 존속 기한 혹은 재검토 기한의 도래 6개월 전까지 규제개혁위원회에 심사를 요청해야 한다. 규제개혁위원회는 신설·강화 규제에 대한 규제심사 과정에서, 관계 중앙행정기관의 장에게 그 규제의 존속 기한 또는 재검토 기한을 설정할 것을 권고할 수 있다. 한편 법률에 일몰이 설정된 규제 사항에 대한 일몰을 연장할 필요가 있을 경우에는 존속 기간 혹은 재검토 기간 도래 3개월 전까지 해당 개정안을 국회에 제출해야 한다.
규제일몰제는 효력상실형과 재검토형으로 나뉜다. 효력상실형은 규제의 일몰 기한이 도래되면 자동적으로 효력을 상실하는 것으로 규제일몰의 취지에 가장 잘 부합한다. 그러나 현실에서는 효력상실형 일몰은 예외적이고, 대부분의 규제일몰은 재검토형으로 운영된다. 재검토형의 경우, 존속 기한 도래 시 해당 규제의 일몰을 연장할지를 검토해, 규제의 타당성이 없어지거나 규제 상황이 변화한 경우, 규제를 폐지하거나 합리화하고, 규제 존속이 필요한 경우에는 규제일몰을 연장하게 된다. 그 외 규제 존속이 여전히 필요한데 굳이 존속 기한을 정해 관리할 필요가 없다고 판단되면 규제일몰을 해제하기도 한다.
규제일몰제 역시 규제의 타당성을 검토하는 데 따른 부담이 발생한다. 즉, 규제개혁위원회와 각 부처의 규제개혁 관련 인적·물적 자원이 부족하면 일몰제를 통한 규제의 주기적 타당성 검토가 제대로 이뤄지지 않을 수 있다. 이러한 이유로 규제일몰제를 엉성하게 적용하게 되면, 다양한 불합리성이 제기돼 개선이 필요한 규제임에도 이해관계가 복잡하고, 장기적인 연구가 필요한 규제에 대해서는 정작 일몰 적용을 통한 정비가 제대로 이뤄지지 못할 수 있

> 다. 기껏해야 단순하고 간단한 행정절차의 조정, 굳이 일몰의 적용이 필요 없는 단순한 규제에 대해서만 일몰제도가 적용되는 역설이 발생할 수 있다.

이명박 정부는 2009년 모두 280건의 규제에 대해 한시적 규제유예를 실시했다. 이 중 135건은 유예 기간 종료 후 규제를 항구적으로 개선했다. 염려했던 우려가 기우로 밝혀졌기 때문이다. 한시적 규제유예는 박근혜 정부 규제개혁에서도 일부 활용됐다.

한시적 규제유예를 적용해 볼 수 있는 규제는 생각보다 많다. 기업들은 도대체 효과가 있기나 한 건지 모호한 규제를 준수하느라 생각보다 많은 시간을 보낸다. 매년 수강하도록 돼 있는 의무교육은 2년에 한 번씩 수강하면 안 되는 것인지, 아니면 아예 안 받아도 되는 것은 아닌지 궁금하다. 사업을 새로 시작할 때면 으레 갖추도록 돼 있는 사무실이며, 인력 등 투입 요소 규제는 꼭 그만큼 갖춰야 하는 것인지도 아리송한 경우가 많다. 관광특구에서 휴게음식점업을 하기 위한 공동시설 기준에도 불구, 영업장 외에 이들 규제를 적용하지 않고 음식을 제공할 수 있게 해 볼 수도 있다. 효과가 모호한 규제들 중에는 안전이나 제품의 질에 미치는 영향이 없어서 규제 효력을 정지시켜 봄직한 것들이 많다.

정부는 몰라도 민간은 한시적 규제유예를 적용시켜 볼 만한 규제를 너무나 잘 알고 있다. 그만큼 한시적 규제유예는 민간이 정부에 요구해 볼 만한 규제개혁 방식인 것이다. 민간에서 동일한 규제로 인해 애로를 겪고 있는 피해자들이 힘을 합쳐 "이 규제는 효과도 별로 없는 것 같으니, 정부가 정 불안하면, 몇 년 만이라도 한번 그 효력을 정지시켜 놓고 지켜봅시다"라고 요구하는 것이다. 필요하면 소속해 있는 단체나 협회들의 규제 애로 접수 창구를 이용할 수도 있을 것이다.

중소기업 옴부즈만에 건의

중소기업 옴부즈만은 중소기업에 가장 유효한 채널 중 하나일 것이다. 옴부즈만(ombudsman)은 스웨덴어로 대리인이라는 뜻이다. 중소기업 옴부즈만은 중소기업을 대신해서 정부에 규제 애로와 고충을 건의하고 해결해 주는 역할을 하기 위해 만들어진 특수기관이다. 중소기업 옴부즈만은 1998년 2월 설치된 대통령 직속 중소기업특별위원회를 전신으로 하며, 「중소기업기본법」에 근거를 둔 차관급 기관이다. 조직의 비전은 "불합리한 중소·중견기업 규제 및 애로를 상시적·체계적으로 정비하는 독립기관"이다. 중소기업 옴부즈만 지원단에는 국장급 규제개선담당관과 현장애로담당관이 있어 서로 협업해 중소기업 규제 애로 해소에 노력하고 있으니 이용하기에 따라 중소기업의 가장 든든한 우군이 될 수 있다. 중소기업 옴부즈만, 중소기업에서 일하는 분들은 꼭 기억해 두자.

옴부즈만 명칭에서 알 수 있듯이 중소기업 옴부즈만에 규제개선을 신청하면, 담당자들이 나를 대신해 규제개선에 나선다. 중소기업 옴부즈만은 정부뿐만 아니라 지방자치단체, 공공기관까지 상대하니, 어떤 의견도 신청해 볼 수 있다. 의견을 제출하면서, 혹시 자신에게 문제가 생기지 않을까 걱정할 수도 있는데 그럴 필요가 없다. 「중소기업기본법」은 의견을 제출했다는 이유로 불이익을 주거나 차별하는 것을 금지하고 있다. 만약 그런 일이 생기면 진정을 제기하면 된다. 중소기업 옴부즈만은 그 진정까지 대리해 국민권익위원회에 고충민원을 신청하기 때문이다.

중소기업 옴부즈만이 2022년 한 해 동안 한 일을 살펴보자. 중소기업 옴부즈만은 2022년 92회 현장을 찾았다고 한다. 2월 14일부터 3월 3일까지 인천, 경남, 부산, 대전 등 전국을 돌며「중대재해 처벌 등에 관한 법률」관련 현장 목소리 청취를 시작으로 중소기업인들과 소상공인들을 만났다. 이러한 현장 활동을 통해 233건의 규제 애로를 발굴했다고 한다. 이 중 68건을 개선했는데, 대표적인 것이 '간접수출기업에 대한 구매확인제도 활성화'다. 간접 수출에 종사하는 기업들은 구매확인서 증빙을 통해 수출 기업에 준하는 혜택을 받을 수 있지만 이를 발급하는 대기업이나 중견기업들이 구매확인서를 발급할 동기가 없는 실정이었다. 중소기업 옴부즈만은 간접 수출 증빙이 원활하게 이뤄질 수 있도록 동반성장위원회가 참여하는 동반성장지수 평가에 구매확인서 발급 실적을 반영하도록 하는 방식으로 개선을 이뤄냈다.[1]

중요한 점은 당사자가 직접 정부, 지방자치단체 그리고 공공기관과 다투는 것이 아닌 만큼 대리인이 나의 문제를 정확하게 이해하고 필요성에 공감하도록 만들어야 한다는 것이다. 가장 좋은 방법은 중소기업 옴부즈만을 직접 방문하는 것이다. 중소기업 옴부즈만은 온라인과 오프라인 모두에서 쾌속처리 시스템을 구축하고 있으며, 중소기업 옴부즈만은 현장

---

1) 중소기업 옴부즈만. "2022 중기 옴부즈만 현장방문 결산." 보도 자료(2022.12.28.).

간담회를 지속해서 개최하고 있으므로 중소기업 옴부즈만과 직접 소통하는 것을 추천한다. 중소기업 옴부즈만은 243곳의 지자체 센터와 51곳의 유관단체 및 지방중소벤처기업청 센터, 157명의 지역별 명예 옴부즈만을 운영하고 있으며, 처리 과정을 공개하고 이행 여부까지 확인하고 있으므로 중소기업 옴부즈만을 적극 활용하기 바란다.

자 그러면 이제 신청 방법을 알아보자. 중소기업 옴부즈만 홈페이지를 방문해 회원 가입을 하기 바란다. 본인 인증이 필요하며 '규제 애로 신고' 메뉴에서 신청하면 된다. 제목을 작성하고 신고 유형을 선택한다. 규제 애로 신고, 기업민원 피해 신고, 적극행정 면책 건의가 있는데 규제 애로 신고를 선택하면 된다.[2] 공개 여부를 선택하고, 현황 및 문제점과 개선 의견을 작성하면 된다. 규재애로신고서를 다운로드받을 수 있는데, 이 신고서를 활용해 신고를 해도 무방하다. 많은 내용을 적을 필요는 없겠지만 대리인을 설득할 수 있는 충분한 정보는 제공해야 중소기업 옴부즈만이 여러분을 위해 발 벗고 뛰어다닐 수 있을 것이다.

지방자치단체에 규제개혁 청원 접수

규제는 법률에 근거해야 하므로 적용 범위가 전국인 경우가 대부분이다.

---

[2] 기업민원 피해 신고는 규제 애로를 제기했다가 불이익이나 차별을 받아 그것을 진정하고자 할 때 선택하고, 적극행정 면책 건의는 공무원 및 기타 업무 담당자가 규제개선에 나섰다가 징계를 받았는데 징계 감경 또는 면제를 건의할 때 선택하면 된다.

그런데 규제개선 요구는 지방자치단체를 통해서 하는 것도 좋은 방법이다. 이유는 세 가지다. 첫째, 지방자치단체는 시민들 가까이에 있기 때문이다. 규제개선을 위해서는 현장 방문이 필요하며, 잦은 소통이 요구돼 가까운 것이 좋다. 둘째, 실제 규제를 집행하는 담당자가 지방자치단체 소속인 경우가 많기 때문이다. 지방자치단체 담당자는 기업을 힘들게 하는 규제가 무엇이고 규제개선이 왜 필요한지 잘 이해하고 있을 가능성이 높다. 셋째, 지방자치단체는 기업활동에 많은 관심을 가지고 있기 때문이다. 지방자치단체는 경쟁적인 환경 속에서 저마다 특성화 전략이 있고 경쟁 우위에 있는 산업환경을 만들고자 노력하고 있지 않은가(이민창·김주찬, 2015).

특성화 전략에 따라, 지방자치단체가 나서서 규제개선을 이뤄낸 대표적 사례가 "규제혁신으로 우리가 생산한 K-연어가 밥상에 올라간다!"다(행정안전부, 2022). 1999년 0.2만 톤이던 대서양 연어 수입량이 2021년에는 6.2만 톤으로 크게 늘었다. 그런데 수입가격은 2022년에만 92.9% 급등했다. 이에 대응해 국내 연어 양식 기반을 마련하는 것이 중요한 과제로 등장했다. 그러나 환경부는 대서양 연어를 '유입 주의' 생물로 지정하고 양식용 수정란의 수입을 제한하고 있었다. 해양수산부도 양식 가능 및 이식 승인 가능 대상에 대서양 연어를 포함하지 않고 있었다. 이에 대서양 연어 양식에 최적의 환경 조건을 갖춘 강원도가 나섰다. 강원도 환동해본부 수산정책과가 정부 부처 설득에 앞장서 결국 규제개선을 이뤄냈다. 이제 ㈜동원산업이 대서양 연어 양식에 성공했다. 2035년 세계 3위의 연어 생산국 진입을 목표로 하고 있다.

규제개선 요구를 하기 가장 좋은 채널은 '찾아가는 지방규제신고센터'

다. 지방자치단체의 지방규제신고센터로 연락해 애로 사항을 접수하면, 지방규제신고센터에서 현장을 방문해 상담하고, 지방자치단체 소관인 경우 소관 부서에 규정 개선을 요청한다. 지방자치단체 소관이 아닌 경우는 행정안전부에 건의하거나 중소기업 옴부즈만 등을 통해 건의 사항을 제출한다. 연락은 지방자치단체에서 운영하는 전화나 팩스, 전자우편을 통해서 하면 되며 연락처는 지자체 홈페이지 등에서 쉽게 검색해 볼 수 있다. 지방자치단체 홈페이지에서 규제 건의 창구를 별도로 운영하는 지방자치단체도 있기 때문에 지방자치단체 홈페이지 검색을 추천한다. 지방규제신고센터는 대부분의 지방자치단체가 상시 운영하고 있으며, 매년 천여 회의 운영 실적을 기록하고 있다고 하니 적극 이용해 볼 필요가 있다.

행정안전부는 지방자치단체와 합동으로 규제혁신 태스크포스(TF)를 구성하고 있고, 각 지방자치단체는 지방규제혁신 TF를 구성하고 있다. 이들 TF를 적극 활용해야 한다. 지방자치단체 TF는 기획조정실장과 법무담당관 및 6개 분야별 주무과장 및 민간 전문가가 참여하는데, 2022년 12월 말 기준으로 서울의 경우 25개 자치구 중 15개 자치구에서 구성이 완료되는 등 확산일로에 있다. 서울시의 경우 이 TF를 통해 개선 과제를 30건 발굴하고, 규제 샌드박스 건의도 2건 했다고 한다. 경기도는 31개 기초자치단체 가운데에서 28개가 구성을 완료됐고 나머지 3개도 구성 중이라고 한다. 경기도 TF도 현장 방문 및 간담회를 추진하고 중앙정부에 개선을 건의하는 등 활동을 하고 있다.

이 밖에도 행정안전부는 2022년 규제혁신 현장협의회를 신설했다. 즉 각적 개선이 필요한 과제와 관련해 현장을 직접 방문해 심층 토의를 실시했다. 2022년에는 네 차례에 걸쳐 진행됐다. 그리고 지역별 순회간담회도 2022년에 신설했다. 상반기와 하반기, 각각 2개월 동안 주 1회 현장 방문해 규제개선 협의를 진행했다. 과제 심화 검토, 국장·과장 협의, 부처 협의 순으로 진행됐는데 2022년 중점·테마 과제 73건, 과거 5년간의 미해결 과제 106건 등 179건을 대상으로 했다.

경제단체 등 다양한 민간 채널 활용

규제개선 요구를 정부 채널을 통해서 진행하는 것이 믿음직스럽지 못하다면 민간 채널을 활용해 보도록 하자. 한국에는 많은 경제단체와 직능단체가 있다. 6대 경제단체에는 전국경제인연합회, 대한상공회의소, 한국무역협회, 중소기업중앙회, 한국경영자총협회, 한국중견기업연합회가 있으며, 이 밖에도 대한의사협회, 한국철강협회 등 크고 작은 직능단체들이 존재한다. 이들 조직은 회원들의 권익을 대변하는 것을 미션으로 한다. 예를 들어 "중소기업중앙회는 729만 중소기업의 권익을 대변하기 위해 1962년에 설립"됐다고 인사말에서 밝히고 있다. 자신이 회원으로 속한 단체들을 통해서 규제개선 요구를 해 보도록 하자.

이들 단체는 다양한 방식으로 규제개선 요구를 정부에 전달할 수 있다. 예를 들어 2022년 설립된 규제혁신추진단을 통해서 규제개선 요구가 가능하다. 규제혁신추진단은 총리를 단장으로 전직 공무원 88명, 연구기관 관계자 27명, 경제단체 관계자 10명, 지원국 직원 등 총 140명으로 구성

됐다. 인력 구성에서 알 수 있듯이 경제단체에서 규제혁신추진단으로 인력을 파견하고 있다. 2022년에는 대한상공회의소 3명, 전국경제인연합회 1명, 한국경영자총협회 1명, 중소기업중앙회 2명, 한국중견연합회 1명, 한국무역협회 1명, 한국상장회사협의회 1명 등을 파견했다. 이 밖에도 부처마다 별도의 공식적·비공식적 채널이 존재한다. 가령 환경부는 2022년 '환경규제 현장대응 TF'를 구성하면서 6대 경제단체와 핫라인을 구축해 산업계의 의견을 상시 수렴하겠다고 밝혔다(국무조정실, 2023).

이들 단체는 대부분 규제 애로 접수 창구를 마련하고 있다. 대한상공회의소의 경우 앞서 살펴봤듯이 규제 샌드박스 신청을 지원할 뿐만 아니라 소통 플랫폼을 통해 의견을 수렴하고 있다. 플랫폼에서는 제안하기와 투표하기가 가능하다. 제안하기는 내 생각에 함께할 사람을 모으고 싶을 때, 투표하기는 다른 사람의 생각이 궁금할 때 선택한다. 제안하기를 선택하면 '개선함', '기발함', '함께함', '모호함'을 선택할 수 있는데 규제개선 요구는 개선함을 선택하면 된다. 제목과 내용을 선택하면, 게시가 가능하고 다른 이들의 공감과 댓글을 받을 수 있다. 공감을 200개 이상 얻은 의견에 대해서는 대한상공회의소가 답변을 한다. 문제 분석부터, 활동계획까지 답변하며, 실제 대한상공회의소의 활동으로 이어지고 있다. 당사자가 아니더라도 좋은 아이디어가 있다면 대한상공회의소의 소통 플랫폼 활용을 추천한다.

6대 경제단체의 규제 애로 접수 창구를 정리하면 다음 표와 같다. 전국경제인연합회와 대한경영자총협회는 공개 창구를 운영하고 있지 않다. 한국무역협회는 멤버십 서비스의 하나로 규제개선을 지원한다. 중소기업중

6대 경제단체	이용 가능 창구	특징	QR 코드
전국경제인 연합회	공개 창구 없음		
대한 상공회의소	소통 플랫폼	일반시민들의 아이디어 공유	
	규제·투자애로 접수센터 (대한상공회의소 규제개혁신문고)	7개 지역 상공회의소에 센터 설치 온/프라인 접수, 격주로 국무조정실에 전달하며 국무조정실은 2주 이내 답변함 (투자와 직접적으로 관련된 건의 과제는 산업통상자원부로 직접 건의)	
	규제 샌드박스 신청	규제 샌드박스 민간지원센터 역할 담당	
한국무역협회	애로/규제 개선 건의	멤버십 서비스의 일환으로 규제개선 건의를 받아 관계 부처 및 기관과 해결 방안을 검토해 해결을 지원	
중소기업 중앙회	현장 규제 사례 접수	규제 건의를 이메일로 받아 정부에 전달. 중소기업 규제개혁 TF가 지원	
대한경영자 총협회	공개 창구 없음		
한국중견기업 연합회	법·제도 개선 지원	산업정책팀과 경제정책팀에서 규제 발굴 및 개선 업무를 담당해 건의 접수 중	
	중견기업 신문고	상시 애로 해결 창구로서 홈페이지에서 직접 건의 접수 중	
	중견기업 투자 애로 전담반	투자 애로 접수해 산업통상자원부 실물경제지원팀, 기획재정부 경제규제혁신TF와 실시간 공유	

출처:
대한상공회의소 홈페이지.

앙회는 규제 건의를 이메일로 받고 있다. 앞서 살펴봤듯이 대한상공회의소는 다양한 채널을 운영하고 있다. 7개 지역(서울, 부산, 대구, 인천, 광주, 대전, 울산)의 상공회의소에 온/오프라인 접수처를 마련하고 있어 적극 이용해 볼 만하다. 한편 한국중견기업연합회도 다양한 채널을 운영하고 있다. 최근에는 중견기업 투자 전담반을 운영하며, 투자 과정에서의 규제 애로를 접수하고, 산업통상자원부, 기획재정부와 협의하고 있다.

경제단체·직능단체의 활발한 활동이 돋보였던 사례로는 '규제 챌린지'가 있다. 규제 챌린지는 해외 주요국보다 더 낮거나 동등한 수준의 규제 달성을 목표로 한다는 점에서 챌린지라고 명명하고, 민간이 제시한 과도한 규제를 민간·정부가 함께 집중 검토해 최대한 개선하는 규제혁신 플랫폼으로서 2020년 말 대한상공회의소가 제안해 시작됐다. '게임 셧다운제도 개선', '공유주택 사업을 위한 건축 규제 완화', '인간 대상 연구 및 인체 유래물 연구 동의 요건 개선' 등이 개선 과제로 도출됐으며, 건의 과제 15개 중 7개 과제에 대해서는 대안을 마련했고, 2개 과제는 일부 개선해 업계의 부담을 줄이기 위해 노력했다. 게임 셧다운제도 개선의 경우는 2022년 실제로 입법으로 이어져 많은 게이머의 환영을 받은 바 있다.

그런데 유의할 점이 있다. 경제단체나 직능단체들은 회원들의 권익을 보호하고 증진하기 위해 활동하지만 신청인의 문제를 완전히 해결해 주기는 쉽지 않다는 점이다. 정부와 마찬가지로 이들 단체 역시 대리인이기 때문이다. 정부와 달리 정해진 절차가 있는 것도 아니다. 담당자는 문서만으로 대리인의 문제를 이해해야 할 수도 있다. 따라서 무엇보다 가급적 상세하게 문서를 작성하는 게 중요하다. 어떠한 규제가 문제이고, 왜 개선이 이뤄져야 하는지, 필요하다면 수치 자료까지 포함해서 작성하는 게 좋겠다. 쉽지 않다면 담당 직원 면담을 신청해 보는 것도 좋다. 아울러 설명만 하고 끝내지 말고 담당 직원에게 지속적으로 연락하는 것도 필요하다.

시민이 주도하는 규제영향분석

지금까지 규제개선 요구를 손쉽게 하는 방안들을 소개했다. 정부부처든 지자체든, 민간단체든 모두 규제개선 요구를 접수하는 채널을 운영하고 있으며, 시민과 기업들은 '용기'만 있다면 이러한 채널을 활용해 규제개선을 정부에 요구할 수 있다. 그러나 접근성이 좋은 만큼, 한계가 있을 수밖에 없다. 결국 공을 당사자가 아닌 대리인에게 넘기는 것이기 때문이다. 그렇다면 시민과 기업들이 더 할 수 있는 것은 없을까? 지금부터 소개하고자 하는 것은 전문성이 요구되는 것이나, 직접 또는 전문가의 도움을 받아서 해 볼 수 있는 것이다. 바로 규제영향분석을 직접 수행해 보는 것이다. 규제 영향을 분석해서 나의 규제 피해가 얼마나 큰지 그 값을 과학적으로 제시하면 정부는 긴장하지 않겠는가.

규제영향분석은 "새롭게 만들어지거나 현재 존재하는 규제의 편익, 비용 그리고 효과들을 점검하고 측정하는 체계적인 의사결정 도구"로 정의할 수 있다. 규제영향분석을 통해 정부는 자신이 도입하려는 규제가 비용과 편익 측면에서 타당한지 체계적으로 검토함으로써 무분별한 규제의 신설이나 강화를 억제할 수 있다.

규제에 대해 이런 심층적인 분석이 필요한 이유는 규제는 세금과 같이 명시적으로 부담을 야기하지는 않지만 국민의 권리를 제한하거나 의무를 부과하는 과정에서 피규제자인 기업이나 시민에게 상당한 비용을 부담시킬 수 있기 때문이다. 따라서 규제가 타당하기 위해서는 규제로 인한 기업과 시민의 부담보다 혜택이 더 크다는 것을 입증해야 한다. 그리고 동일한 사회문제의 해결을 위한 것이라도 좀 더 비용이 덜 드는 규제 대안이 있다면 그것을 채택하는 것이 바람직할 것이다. 규제영향분석은 이때에도 필요하다.

규제로 인한 비용에는 구체적으로 다음과 같은 것들이 포함될 수 있다. 먼저 기업이 부담하는 비용이다. 위험 및 안전 규제로 인한 비용은 기업에 전가되는데, 그 이유는 위험 요인을 제거하거나 안전 기준을 준수하기 위해서 기업들이 안전설비를 추가로 구매하고 안전요원을 늘리는 등 더 많은 비용을 지불해야 하기 때문이다. 사실 비용은 이것 말고도 있다. 피규제자가 규제를 준수하기 위해 투입하는 직접적인 비용 이외에도 규제 준수로 인해 포기해야 하는 대안의 편익, 즉 기회비용까지 함께 고려해야 한다. 기업이 규제를 준수하기 위해 안전설비를 추가 구매하고 안전요원을 증원하는 데 쓰이는 비용은 생산설비를 확장하거나, 추가 고용, 성과금 지급 등 다양한 용도로 사용할 수 있는 자원이었다. 이런 비용은 제품의 가격에 반영돼 소비자에게 전가돼 소비자 후생에 영향을 미칠 수도 있다. 또한 규제는 규제의 준수 여부를 확인하고 감독해야 하는 규제기관에 규제 집행비용을 발생시키기도 한다. 기업이 안전 기준을 준수하는지를 확인하기 위해서는 현장을 방문할 감독관들을 고용하고, 측정장비를 구입하는 등 비용을 써야 하기 때문이다.

규제가 초래하는 이런 비용을 고려한다면, 당면한 사회문제의 해결에 급급해 정부가 규제가 초래할 수 있는 다양한 비용에 대한 고려가 부족한 상태에서 규제를 도입할 경우에는 오히려 자원 배분을 왜곡시키거나 민간 부문의 자율성을 위축시켜 더 큰 사회적 비용을 유발할 수 있음을 알 수 있다. 따라서 정부는 규제를 도입하기 전에 규제영향분석을 통해 규제가 가져올 영향 혹은 효과를 사전에 체계적으로 분석할 필요가 있다.

이런 규제영향분석은 정부가 하는 것으로 알려져 있으나 기업이나 시민이 못할 이유는 없다. 정부 소관 부처들도 '규제영향분석서 작성지침'에 따라 규제영향분석을 실시하는 것이기 때문이다. 「행정규제기본법」은 중앙행정기관의 장이 규제를 신설하거나 강화하려면 규제영향분석을 실시해 규제영향분석서를 작성·공개하도록 하고 있으며, 국무조정실은 매년 '규제영향분석서 작성지침'을 규제정보포털 자료실에 업로드해 작성을 돕고 있다. 규제영향분석에서 핵심적인 것은 비용편익분석이다. 직접비용과 간접비용, 직접 편익과 간접 편익을 측정하게 돼 있는데 작성지침에 자세하게 나와 있다.

정부 소관 부처들이 '규제영향분석서 작성지침'을 활용해 규제 영향을 분석한다면 시민들과 기업도 이를 나침반 삼아 직접 규제로 인한 비용과 편익을 계산할 수 있을 것이다. 규제 피해를 누구보다도 잘 알지 않는가. 전문가의 도움을 받아 볼 수도 있다. 한국규제학회와 같이 규제 전문가들이 모인 곳에 도움을 요청해 보는 것은 어떨까? 관련 논문들을 찾아보고, 논문을 작성한 연구자들에게 연락해 보는 것은 어떨까? 전문가들이나 연구자들은 항상 당사자와의 소통을 중요하게 여기기 때문에 주저하지 않아도 된다. 이렇게 규제 피해 당사자가 도출한 분석 결과를 정부에 제시해 보자. 그것이 충분히 객관적이고 과학적인 과정을 거쳐 도출된 결과라면, 정부는 분석 결과를 무시할 수 없을 것이다. 만약 정부의 반응이 미적지근하다면, SNS나 언론을 통해 공론화해 보자. 응원이 잇따를 것이다.

정부가 공개한 규제영향분석 결과를 분석해 보는 것도 좋은 방법이다. 이것은 정부가 규제를 신설하거나 강화하고자 할 때 효과적이다. 정부는 규제영향분석서를 첨부해서 입법예고를 하고, 이해관계자의 의견도 받는다. 정부의 규제영향분석이 피해를 과소평가하고 편익을 과대평가했을 수 있기 때문에, 이를 비판적으로 분석해 의견을 제출한다면 불필요한 규제가 만들어지는 것을 막을 수 있다. 분석 기준의 문제점을 지적할 수도 있고, 분석 과정의 문제점을 지적할 수도 있다. 규제영향분석에서의 비용편익분석 이슈는 서성아 외(2019) 등을 참고해 볼 수 있다.

정부는 부처들로 하여금 규제영향분석을 제대로 실시할 것을 요구하고 있다. 따라서 피규제자들이 규제영향분석의 수준을 검증하는 것은 아주 자연스러운 일이다. 한 걸음 더 나아가 내가 직접 비용편익을 분석해 규제당국을 압박하는 것도 '나의 규제 문제'를 푸는 좋은 방법이 될 수 있다.

제3부
나쁜 규제를 없애야 하는 이유

‖ 제3부 ‖
나쁜 규제를 없애야 하는 이유

규제개혁 없이 국가 발전 없다

정부의 역할

정부 역할을 재정립해야 한다

정부는 어떤 존재일까? 현대인이라면 하루라도 정부라는 말을 듣지 않고 살기는 어렵다. 포털에도, 텔레비전에도 금방 나오는 게 지금 이 순간 정부가 하고 있는 일들에 대한 시끄러운 논쟁들이다. 어제 시끄러웠던 일들이 잠잠해지기 무섭게 새로운 정부 역할에 대한 입씨름이 시작된다. 그렇다면 정부는 과연 어떤 일을 하는 존재일까? 그리고 어떤 일을 해야 하는 존재일까?

사실 정부의 역할이 무엇인가에 대한 인식은 지속적으로 변화해 왔다. 경찰과 국방, 공공재의 공급과 사법제도의 운영 등 고전적 의미의 최소국가 정부 역할에 더해, 근대 자본주의의 발전 과정에서는 산업정책, 에너지 정책과 같은 역할이 덧붙여졌다. 시장실패에 대한 강조 및 복지국가에 대한 요구는 새로운 국가의 역할을 요구했고, 그 결과 정부의 시장 개입이 늘어나는 계기가 됐다.

20세기 전체로 보면, 정부의 역할이 지속적으로 확대돼 왔음을 쉽게 확인할 수 있다. 1930년대에는 세계경제대공황 극복을 위한 경제정책이, 1950년대에는 복지국가 이념에 기반을 둔 정책이, 1960년대에는 소비자 보호와 인종 차별 등 사회 부문에 대한 정책이, 1970년대 이후엔 환경 보호, 1990년대에는 금융 위기 등을 겪으면서 경제 영역에 대한 개입이 확대돼 왔다. 2020년, 코로나바이러스감염병(COVID-19)으로 정부 역할은 다시 확대돼 왔다. 이러한 정부 역할의 확대는 필연적으로 정부의 덩치를 키우고 재정 지출을 크게 확대시켜 왔다. 우리나라에서도 정부 지출은 빠른 속도로 증가했다. 2010년 300조 원 정도이던 정부 예산은 2022년 630조 원에 이르렀다.

이 같은 재정 지출의 지속적인 확대에 더해 2000년대 들어서면서 디지털 기술의 보편화, 첨단화 추세가 확산됨에 따라 정부의 역할과 정부 기능의 작동 방식에 대해 새로운 검토가 불가피해졌다. 정부와 시장, 전통적으로 세상의 문제를 해결해 온 두 방식을 두고 어떻게 균형을 잡아야 할지가 그것이다.

이와 관련 4차 산업혁명(4th Industrial Revolution)의 진전은 정부에 또 다른 새로운 역할을 요구하고 있다. 신기술과 혁신이 일상화되면서, 여기에 어떻게 대응할 것인지가 중요해진 것이다. 이 영역에 대한 높은 관심과 강조는 다시금 경제 발전과 번영의 촉진이라는 정부의 기능이 주목받고 있음을 의미하기도 한다. 4차 산업혁명 시대, 새로운 경제 동력을 확보하기 위해서는 신기술의 개발과 적용 및 시장 진출 전반에서 예전보다 **빠른** 순환 주기를 갖는 산업이 활발하게 대두할 수 있어야 하고, 이를 지원하는 방향으로 정부 역할을 재정립해야 한다.

급변하는 새로운 환경에 걸맞은 정부의 신속하고도 적절한 조치가 필요한 상황임에도 불구하고 기존 규제의 틀에 얽매여 새로운 기술의 발전 및 도입과 적용이 비탄력적일 수밖에 없는 산업구조를 유지하는 것은 경제 발전과 일자리 창출의 기회를 가로막을 가능성이 높기 때문이다. 4차 산업혁명이라고 불리는 혁신 경쟁의 시대에, 정부가 자칫 제대로 역할을 하지 못한다면, 국가 간 경쟁에서 우위를 점할 수도 없을 것이다. 1990~2000년대에 우리나라 정부는 정보통신기술(ICT)에 투자했고, 전국에 초고속 인터넷용 네트워크들을 어느 나라보다 선제적으로 설치했다. 각종 규제도 혁신함으로써 신산업 출현의 마중물이 됐다. 그것이 2000년대 이후, 우리나라의 혁신과 퀀텀 성장에 기여했음을 기억할 필요가 있다.

시장실패란 허구를 넘자

사회 발전을 위한 정부의 기능에 대해서는 언제나 논쟁이 많았다. 시장실패(market failure)의 치유, 즉 경제 발전과 번영의 부작용을 치유하는 것에서, 정부가 국민의 복리를 보장한다는 데 이르기까지 사람마다 그 이해의 범위가 천차만별이기 때문이다. 그래서 사회 발전을 위한 정부 역할에 대해서는 조금 더 깊이 있는 이해가 필요하다. 특히 시장실패에 대한 오해가 크다.

사회 발전을 위한 정부의 기능 혹은 역할을 생각할 때 가장 먼저 떠올리는 것이 시장실패 '교정 기능'일 것이다. 이것은 정부가 시장 질서를 중심으로 작동되는 사회의 곳곳에서 발생하는 '오류', 그리고 그로 인해 시장이 국민에게 필요한 서비스를 제대로 제공하지 못하는 영역을 교정해야 한다는 인식이다. 즉, 개인의 교환과 기업활동의 장(場)인 시장의 오작동에 대한 개입을 통해 정부가 사회를 좀 더 효율적이면서도, 합리적으로 운영할 수 있다는 것이다. 그러나 오랫동안 정설로 인식돼 온, 여전히 학계와 교재에 보편화된 이런 아이디어는 최근 한계가 많은 것으로 드러나고 있다.

이유는 단순하다. 시장실패는 끊임없이 변하는 시장에서 어떤 한 시점을 잘라 문제점을 지적하는 이론이기 때문이다. 도저히 가만히 있지 않는 깨어 있는 아이 같은 시장을 아무런 미동도 없이 잠자고 있다고 간주하며 거대한 이론 체계를 만들어 낸 것이다. 정태적으로만 보자면 시장실패는 오컴의 면도날(Occam's razor)처럼 간결하고 명쾌하다. 시장의 어떤 한 시점에는 독점이 있고, 공공재의 공급이 필요한 경우도 있다. 외부성으로 서로가 분명 영향을 주고받으면서도 그에 대한 불편과 이로움이 정확히 가격으로 청산되지 않는 경우도 있다. 정보비대칭도 마찬가지다. 소비자가 품질을 모르고 구매한 제품에 분노하는 경우가 어디 한두 번인가.

그런데, 정부는 이 모든 일에 개입하지는 않는다. 필요하지도 않다. 시장은 끊임없이 변해서 시장실패라는 공백을 생각보다, 아니 매우 유능하게 스스로 잘 치유하기 때문이다. 동네에 맛집 하나가 생겨 엄청난 돈을 벌어들인다고 하자. 몇 달이 안 돼 그 옆집, 그 건너편엔 비슷한 속성들을 지닌 음식점이 생긴다. 서로 원조 경쟁을 하기도 한다. 편안한 삶을 구가하던 원래 원조는 이제 경쟁을 할 수밖에 없다. 삼성전자의 갤럭시 휴대폰과 애플의 아이폰도 마찬가지다. 세상엔 이 둘밖에 없다고 서로 짜고 치는 고스톱처럼 의심스런 거래가 이뤄진다고 여기는 사람은 거의 없다. 오히려 신제품 경쟁을 한 지 20년에 이른다. 그래서 소비자는 즐겁다. 이렇게 독점은 시장을 통해 해결돼 간다.

물론 독점이 문제가 될 때도 있다. 정부가 스스로 독점을 만들어 장벽을 칠 때다. 특정한 산업의 보호를 위해 조건을 내거는 경우가 그것이다. 이렇게 되면 진입 규제라는 제도 안에 시장의 격랑을 겪지 않는 일부의 편안함이 있을지 모르지만 폭풍우 휘몰아치는 시장에서 균형을 잡고 어떻게든 해내려는 장벽 밖의 다수에겐 가혹한 불평등을 요구하는 것이 된다. 독점을 해소해야 한다는 정부가 다른 이유를 들어 독점을 만들고 있는 아이러니는 온통 기존 산업과 신산업이 부딪히는 4차 산업혁명 시대에 일상이 돼 버렸다.

공공재의 공급은 스미스(Adam Smith)도 주장했던 정부의 역할이다. 공공사업을 해서, 민간에선 공급이 안 되는 영역을 정부가 적절히 해소해 줘야 한다는 것이다. 분명 더 큰 수요가 있음에도 민간에선 쉬이 돈을 내고 만들어 내려 하지 않으니 정부는 그런 일을 공공재정을 투입해 해야 한다는 논리다. 이것은 당연히 맞다. 개울을 건너려면 공동체 사람들이 협력한 징검다리로는 불편하다. 자동차라도 다니려면 이제 큰돈이 필요한데, 여기에 투입할 동네 자금은 부족하고, 사람들은 자기가 온전히 쓸 것도 아닌 다리를 위해 돈을 분담할 생각도 없다. 그런데도 다리는 물론 필요하다. 징검다리가 걷히고 다리가 생기면 길이 이어져, 물자와 유통이 더욱 활발해지는 효과도 있다. 정부가 공공사업을 통해 다리를 만들어야 하고, 그것이 정부의 일이란 생각들에 동의가 얻어진다. 필요하긴 한데 너도 나도 할 것 같지 않으니 정부에 공을 넘기는 것이다.

주변에 각종 국립, 시립, 공립, 공사, 공단이란 이름의 단체나 시설은 모두 이런 명분으로 만들어진 것이다. 이론의 타당성을 현실에 적용해 볼 때는 좀 더 날카로운 통찰이 필요하다. 이들 '공(公)'자 붙은 기관들이 모두 공공재라 할 수 있을지 의문이기 때문이다. 국립대학과 사립대학이 있지만 무슨 차이인지 잘 모르는 경우가 많다. 국립이나 공립 자동차 검사소와 민간 자동차 검사소도 마찬가지다. 같은 일을 한다. 규모가 다르다고 하겠지만 이것은 역설적으로 정부가 공립, 국립에 그 명분으로 재정을 더 많이 넣어 줬기 때문이다. 또 하나의 불평등이 정부 때문에 발생하고 있는 것이다.

주변을 둘러보자. 거기엔 진짜 공공재여서 정부가 한 사업이 아니라, 정부가 어떤 일을 하기 위해 공공재란 딱지를 붙여 놓은 경우가 더 많을지도 모른다. 시장실패라는 이유로 공공재임을 내세워 정부 개입을 부르는 요술을 부른 결과다. 그래서일까. 무엇에든 공공재란 이름을 붙이면 이제 정부가 해야 할 일인 것처럼 여겨진다. 어릴 적부터 잘못 배운 공공재가 부린 세뇌의 결과다. 정치인은 이런 공공재의 마술을 최대한 이용한다. 동네에 필요할 것 같은 것엔 온통 공공이란 라벨을 붙이고 국회에서 예산 쟁취를 위한 전쟁에 나선다. 당장 필요하지도 않은 일에 명분을 내세워 한푼이라도 자기 동네 예산을 더 받아오는 국회의원에 세금을 내는 국민들은 오히려 박수를 보낸다. 동네 방방곡곡 걸린 무슨무슨 사업 유치라는 커다란 현수막이 이를 입증한다.

외부성도 마찬가지다. 외부성은 원래 코스(Ronald H. Coase)가 정리한 개념이다. 시장 참여자의 어떤 행위가 다른 사람에게 이익이나 손실을 발생시키고 있지만 이에 대한 아무런 대가도 받지 않고 지불도 하고 있지 않는 현상이 외부성이다. 우리는 통상 물건을 사면 돈을 내고 값을 청산한다. 이런 청산이 외부성의 영역에선 없다. 이상하다 생각하겠지만 이런 일은 생각보다 많다. 아니 하루하루의 일상은 온통 외부성투성이다. 하루를 살면서 어떤 날은 돈 한푼 안내고 살 수도 있을 것이다. 이 순간 자기가 얻고 있는 모든 것, 돈을 내지 않는 그것은 분명 대부분 외부성의 영역이다. 사람은 돈을 내지 않는 순간에도 누군가로부터 영향을 받고 살고 있다. 윗집 소음, 불쾌한 방귀소리, 길가 주택에 눈을 호강시키는 잘 가꾼 정원, 기분 좋은 향수내음을 풍기며 지나간 모르는 사람들, 이 모두 돈 한푼 안 쓰기로 작정한 하루 동안 겪은 일이다. 경제 논리로 따지면 분명 내가 돈을 받아야 했거나 돈을 냈어야 할 일들이지만 말이다. 이렇게 우리 주변은 온통 외부성이다. 당연한 일이지만 정부가 이런 일에 서로서로 계산을 확실히 하라며 개입하지는 않는다. 아니 사람들이 서로 조금씩 감수하는 일상의 삶에 정부가 개입하기 시작하면 온통 웃기는 사회가 돼 버릴 것이다. 내가 참고 살겠다는데 정부가 굳이 그러면 안 된다고 하거나, 잠깐 누리는 공짜의 즐거움에까지 정부가 들어서 "그러면 안 돼, 돈을 내야지"라고 한다면 이런 답답한 사회에 누가 살 수 있겠는가.

그래서 외부성을 명분으로 정부가 해 보려는 일에도 당연히 의심을 가져야 한다. 외부성은 분명 사회에 넓게 존재하는 현상이지만 대부분의 외부성은 사회에서, 시장에서 해결되고, 방치되며, 상호 암묵적 인정을 통해 존재하게 되는 현상이기 때문이다. 외부성이란 현학적인 말을 들어, 국회의원이나 정부가 해야 할 일을 얘기한다면 이들은 자기 자신들의 외부성에도 정부가 온통 개입하는 것을 견딜 수 있는지 한번 되물어 봐야 할 것이다.

정보비대칭은 물건의 가치를 몰라 발생하는 현상이다. 사는 사람이나 파는 사람이나 제값을 받지 못하니 문제가 된다. 정확하고 균형 있는 정보를 제공해야 할 일은 정부의 일이다. 여기까지가 정보비대칭이 시장실패이고, 그래서 정부 개입이 필요하다는 논리다. 그런데 이것은 많은 경우 틀렸다. 정보비대칭이 있고, 그것이 매우 많다는 것은 분명 사실이지만, 이런 정보비대칭은 정부가 아니고서도 시장에서 사람들끼리 방법을 고안해서 해결해 나가고 있기 때문이다. '레몬의 역설(lemon's paradox)'이라고 중고차시장에선 연식에 비해 고품질의 중고차는 팔리지 않고 저품질의 중고차만 팔려서 결과적으로 고가의 중고차 시장은 퇴출된다는 이론이 있다. 정보비대칭에서도 역선택을 말할 때, 전 세계인이 강의실에서 한번쯤은 들어 봤을 사례다.

그럴듯하지만 이건 틀렸다. 중고차 시장에 차를 사러 가서 정보비대칭을 감수하는 사람은 없기 때문이다. 분명 차의 성능은 모르지만, 정비소에 정확하게 자동차의 상태를 물어본다. 필요한 경우 계약을 할 때, 보증을 받기도 한다. 언제까지 문제가 생기면 환불하거나 수리하는 조건이다. 세상엔 정보비대칭을 해소하기 위해 사람들이 수많은 제도를 발전시켜 왔다.

그럼에도 시장실패는 분명 존재하는 현상이고, 시장의 결함을 간결하게 보여 주는 힘 있는 이론이다. 시장실패가 경제학 교과서나 여타 사회과학 교재에 널리 실려 전 세계에서 강의되는 이유다. 그런데 시장실패에 대한 가르침이 넓어지면 넓어질수록 불완전한 사람들의 일상 속의 골치 아픈 수많은 문제를 시장실패로 간주하기 시작하는 이상한 버릇이 생겼다. 심리학이 발전할수록 온갖 심리검사를 개발해 멀쩡한 사람들에게 각종 증후군의 병명을 붙이는 것과 같은 방식이다. 시장실패가 아닌데도 시장실패로 보거나, 시장실패는 맞지만 곧 시장에서 스스로 해결될 현상이나 시장실패인 채로 그대로 둬도 될 일에 정부가 호들갑스럽게 개입하는 경우가 많다. 그리고 그게 이론상으로도 맞고, 정의라고 여긴다. 그래서 우리는 시장실패가 정부 개입의 만능 요술방망이가 된 오늘 '시장실패'를 실패라고 하고, 강의실 칠판 속의 이론이 아닌 새로운, 좀 더 현실에 맞는 이론을 모색하고 이해해야 한다.

요컨대 시장실패가 자동적으로 정부 개입을 정당화하지는 않는다. 시장실패라고 이름붙인 현상을 면밀히 살펴보고 그것이 정말 시장에선 도저히 해소가 안 되고, 사회 전체로는 반드시 해소돼야 할 것인지 분석해 봐야 한다. 그러려면 시장실패가 가정하는 특정 시점의 정태적 시장을 봐선 안 된다. 시장의 변화, 사회의 변화와 순리를 이해해야 한다. 넘어져서 무릎이 깨지면 분명 문제다. 아프고 쓰리고 피도 난다. 그러나 우린 안다. 며칠 시간이 지나면 딱지가 앉고, 또 조금 더 지나면 낫는다. 더 많은 시간이 지나면 넘어진 자리 흉터도 사라진다. 이 과정에서 한 일은 덧나지 않게 소독하고 밴드 하나 붙인 것뿐이다. 비유하면 정부가 할 일이란 이런 일이다. 작아 보인다고? 절대 아니다. 근대 이전까지 넘어져 어쩌다 난 생채기가 도져 파상풍으로 죽은 사람이 부지기수다. 그래서 정부는 분명 중요한 역할을 해 왔고 앞으로도 그럴 테지만, 낄 때 끼고 빠질 때 빠지는 '낄끼빠빠'를 잘 해야 유능한 거다. 그러려면 시장실패의 허구를 정확히 이해해야 한다.

정부 역할에 대한 인식의 변화

국민 경제 내에서 정부의 역할과 한계는 어떤 개념적 원칙에 의해 설정돼야 하는가? 정부의 기능은 지난 수백 년에 걸쳐 지속적으로 변화했는데 그 변화의 배경은 무엇인가? 같은 시기에서도 국가에 따라 정부의 역할과 기능은 서로 다르며 또 그 기능을 수행하는 방법도 서로 달랐다. 이러한 차이로 인해 어떤 나라는 발전했고 또 어떤 나라는 쇠락했다 할 수 있는데, 이런 현상을 무엇으로 설명할 수 있을 것인가?

정부 역할에 대해 규범적 판단을 내리기 위해서는 과거로부터 현재에 이르기까지 어떤 변천이 있었는지 역사적인 통찰을 구할 필요가 있다. 절대왕정에서 만민평등의 근대국가로 진입하는 데 앞장섰던 서구의 경험과 사상은 정부 기능에 대한 미래의 방향을 모색하는 데 시사하는 바가 크기 때문이다. 17~18세기 절대왕정이 지배하던 서구에서는 정부가 적극적으로 무역과 산업을 증진해야 한다는 중상주의(mercantilism)가 지배하고 있었다. 이 시기까지는 민간 시장이 경제 성장을 실현하는 최고의 수단이라는 인식이 전혀 등장하지 않았다. 따라서 시장과의 경계를 기준으로 정부 기능을 파악하는 시도가 없었던 것이다.

1776년 스미스(Adam Smith)가 『국부론』을 저술하면서 이러한 중상주의적 시각은 강력한 도전을 받게 됐다. 스미스는 국부의 원천이 생산물에 있고, 그 생산물은 분업과 전문화 그리고 교환에 의해 증가하며, 경제 내의 분업은 개인들의 자기 이익(self-interest) 추구에 따른 이윤 동기와 경쟁으로 활성화된다고 주장했다. 집권화된 정부와 달리, 자기 이익으로 분권화된 시장에서의 조정은 마치 '눈에 보이지 않는 손(invisible hand)'이 존재하는 것처럼 자율적으로 이뤄진다고 봤다. 따라서 그는 정부의 역할을 국방과 외교와 같은 최소한의 기능에 한정해야 한다는 최소정부론을 펼쳤다.

19세기 서구의 사상가와 정치인들은 스미스의 사상에서 지대한 영향을 받았다. 그중에서도 밀(John Stuart Mill)로 대표되는 영국의 경제학자들은 자유방임(laissez faire)의 원리를 적극 수용했다. 정부가 민간 부문이나 기업을 규제하거나 통제해서는 안 된다는 것이다. 규제가 없는 경쟁이 최선의 사회적 이익에 기여할 것이기 때문에 정부의 강제적인 규율은 다른 사람에 대한 피해를 예방하는 차원에서만 행사돼야 한다고 봤다. 밀은 '해악의 원리(harm to others principle)'를 제시하고 타인에게 해악을 조장할 것이라는 사실이 예견돼야만 민간에 대한 정부의 강제력이 정당화된다고 주장했다.

고전학파 경제학자들의 최소정부론에서 정부의 역할은 국방과 같은 공공재를 제공하고, 인명과 재산의 안전을 보장하며, 시민을 교육하고, 시장의 번성에 필수적인 자유계약과 그 집행의 안정성을 보장하는 데 그쳐야 하는 것으로 봤다. 그리고 이 당시에는 정부 지출을 정치적인 선택의 과정으로 간주해 경제분석의 대상으로 삼지 않았다. 또한 이 시기의 소득재분배에 대한 정부의 역할은 매우 제한적이었으며 주로 민간 자선활동과 기타 자발적인 활동을 통해 이뤄졌다. 세금은 대부분 관세, 소비세, 독점세 및 상품세로 제한됐으며 18세기 말 프랑스와 영국에서 도입된 소득세는 정부의 주요 수입원이 아니었다.

물론 19세기의 사회사상가 모두가 스미스의 논리를 수긍한 것은 아니었다. 이들은 주변에서 관찰한 암울한 소득 불평등, 계급적으로 고착된 노동자들의 비참한 삶, 노동자들이 겪어야 하는 실업에 더 많은 관심을 가졌다. 다수의 학자는 스미스가 미덕으로 간주했던 자본의 사적 소유권을 사회적 악으로 간주했다. 대표적으로 마르크스(Karl Marx)는 노동가치이론에 입각해 정부가 생산 수단을 통제하기 위해 더 큰 역할을 해야 한다는 공산주의 사상의 기초를 놓았다. 이들과 달리 19세기 말 독일의 수상 비스마르크(Otto von Bismarck)는 전국적인 사회보험을 도입하며 자본주의 국가 최초로 현대적 복지국가의 초석을 놓기도 했다.

19세기 말에는 한계효용으로 시장가격을 설명하는 효용가치이론이 등장했다. 이는 노동가치이론을 부정하며 경제학 발전의 혁명적 전기를 제공했다. 신고전학파로 불리는 한계효용학파가 등장해 수요와 공급에 의한 시장가격 결정의 원리를 설명했는데, 이들은 왈라스(Leon Walras)적 일반균형모형 관점에서 정부 기능을 설명했다. 사회적 가치를 개인 효용에 기초한 사회후생(social welfare)으로 규정하면서, 정부를 강제력을 동원하는 유일한 초기업으로서 사회후생을 극대화하는 하나의 역할자로 간주했다. 따라서 이들은 정부 지출과 조세수입을 모두 경제분석의 대상으로 편입시키고 시장과 정부를 사회후생 극대화를 추구하는 동등한 수단으로 인식하기 시작했다.

20세기 초반까지 팽배했던 최소정부론은 제1차 세계대전 이후 일련의 극적인 사건들로 인해 전환점을 맞이했다. 그 첫 번째는 1917년 러시아 혁명으로서, 공산주의 사상에 입각해 대부분의 사유재산제를 폐지하고 중앙계획을 통해 정부가 모든 경제활동을 통제했다. 두 번째는 1930년대의 세계경제대공황으로서, 이는 자본주의 세계에 엄청난 경제적 피해를 입혔다. 공식실업률은 25%에 달했고 국내총생산은 1/3가량 하락했다. 은행이 파산하고 주식시장이 폭락하며 많은 사람이 자신의 부를 잃었고 고령자 대부분은 끔찍한 가난으로 내몰렸다. 농산물 가격의 하락으로 농부들의 수입이 감소, 주택융자 원리금을 상환하지 못함에 따라 채무 불이행이 만연했다. 시장이 심각하게 실패했다는 인식이 광범한 지지를 받으면서 정부가 시장실패를 교정하는 데 적극 나서야 한다는 엄청난 압력이 분출하기 시작했다.

이 시기에 케인스(John Maynard Keynes)의 거시경제 이론이 등장했다. 그는 정부가 경제활동의 수준을 안정화시켜야 하고 완전고용을 달성하도록 해야 한다고 주장했다. 구체적으로 미국에서는 대규모의 토목사업뿐만 아니라 실업보험, 사회보장, 연방예금보험, 농산물 가격 지지 등 사회경제적 목표들을 달성하기 위한 많은 사업이 뉴딜(New Deal) 정책의 이름으로 수행됐다. 케인스와 거시경제이론은 전후 경제정책의 패러다임을 형성했는데, 크게 세 가지 내용으로 구성된다. 첫 번째는 일시적인 소득 상실 또는 여타 재난으로 고통받는 사람들에게 사회보장급여를 제공할 필요성이었다. 두 번째는 전시경제로부터의 경험에 기초해 전략산업의 국유화와 함께 공공 부문의 역할을 확대하는 혼합경제를 추구하는 것이었다. 세 번째는 시장만으로는 안정적인 거시경제적 성과를 낼 수 없기에 정부의 거시경제에 대한 조정이 필요하다는 것이었다.

유명한 재정학자 머스그레이브(Richard A. Musgrave)는 1950년대에 정부의 경제적 역할을 세 가지로 정리했다. 첫째는 안정화(stabilization) 기능으로서 정부는 국민 경제가 안정된 물가 속에서 완전고용을 유지하도록 하는 것이다. 두 번째는 자원 배분(allocation) 기능으로서, 경제사회 전반의 효율성을 증가시켜 재화와 서비스의 생산을 극대화하는 것이다. 정부는 국방과 교육 등에서 직접적으로 자원 배분을 수행하기도 하고, 또 간접적으로는 조세와 보조금 그리고 규제를 통해 장려할 행동과 억제할 행동을 선택하는 것이다. 세 번째 기능은 소득 분배(distribution)인데, 사회에서 생산된 상품들을 그 구성원들 사이에 분배하는 것으로 사회적 형평성을 보장하는 것이다. 이 세 가지 기능은 상호 연관돼 명확하게 구분되지는 않지만, 정부가 수행하는 복잡한 활동들을 이해하는 유용한 관점을 제공하였다.

그런데 케인스 경제학은 재정 운용에서 전통적으로 지켜졌던 수지 균형의 준칙을 폐기하면서 정부 규모 확대에 대한 정치적 고삐를 사실상 풀어 버렸다. 이에 따라 제2차 세계대전 이후 정부의 역할은 계속해서 확장됐고 경제 전반에 대한 국가통제가 강화됐다. 공공 부문이 수행하는 사업의 범위는 사회경제적 기반시설들과 공익사업(utilities)뿐만 아니라 건강, 교육, 사회보험 등 광범한 영역으로 확대됐다. 선진국에서는 복지사업의 확장과 인구 고령화로 인해 이전금과 보조금이 급격히 증가해, 정부의 규모가 이전에 비해 약 두 배로 증가했다. 전후에 독립한 많은 개발도상국에서는 중앙집중식 계획, 투입 자원의 할당, 유치산업 보호 등을 위해 정부가 적극적으로 개입했다. 특히 수출 주도적 개방경제를 채택한 일부 국가들 – 한국, 대만, 홍콩, 싱가포르 등 – 을 제외하고는 경제적 민족주의가 기승을 부리며 국유기업과 토착기업들에 대한 보호가 강화됐다.

1970년대에 들어와 발생한 두 차례의 석유 위기는 지금까지 정부 확대를 추진한 국가들에게 심각한 경제 위기를 안겨줬다. 국제수지 악화, 경제 성장 둔화 그리고 이에 따른 재정수지 악화는 경제 전반에 구조조정 압력을 가했고 정부 역할의 무분별한 확장에 경종을 울리기 시작했다. 특히 해외 차관에 의존해 경제 개발을 추진했던 많은 개발도상국은 경제 성장을 유지하기 위해 더 많은 외채를 유치해야만 하는 외채 위기의 악순환에 갇혔다. 이러한 상황에서 1980년대에 이르면 정부의 보호와 독점적 지위를 누려 왔던 공공 부문에 과감한 개혁이 이뤄져야 한다는 정치적 압력이 서방 고소득국가들에서 형성되기 시작했다.

이러한 시각의 반전은 케인스 경제학 이후에 등장한 새로운 경제학이 그 이론적 기반을 제공했다. 하나는 코스(Ronald H. Coase)로 대표되는 거래비용 개념을 중심으로 한 제도경제학의 등장이다. 여기서는 고전경제학의 관점과는 달리 기업을 블랙박스와 생산함수로 인식하지 않고 거래비용을 줄이기 위한 일종의 거버넌스로 인식하기 시작했다. 이 이론은 비대칭적 정보, 조직 내에서의 이기적 행동, 제한된 합리성(bounded rationality) 등의 개념을 강조했다. 나아가 정부조직에 계약 관계를 전제로 하는 본인-대리인 이론을 적용해 정부실패 현상을 설명했다. 또 다른 경제학적 흐름은 뷰캐넌(James M. Buchanan)으로 대표되는 공공선택이론인데, 이들은 자기 이익 추구 행위에 기반한 경제분석을 정치 현상에 적용하며 정치의 본질을 널리 이해할 수 있도록 했다. 이익집단의 포획, 철의 삼각형, 중위투표자 이론 등 정치인과 관료들의 이기적 행태로 나타나는 정부실패를 적나라하게 분석했다.

정부실패와 그에 따른 시장 기능의 재인식은 1980년대와 1990년대에 전 세계적으로 나타났던 정치사회적 변화에서 상당한 영향을 받았다. ① 구소련과 동유럽의 계획과 명령에 근거하는 통제경제체제의 붕괴, ② 복지국가 지향 선진국들의 재정 위기, ③ 동아시아의 경제 기적, ④ 세계 여러 지역의 내전과 인도주의적 비상사태 등으로 정부의 역할과 기능을 새롭게 인식하는 계기가 마련됐던 것이다. 1960년대와 1970년대를 풍미했던 정부 개입의 이념이 1980년대에 다시 최소정부론의 부활로 반전되면서, 1990년대 이후에는 탈규제화와 사유화 등 다양한 시장 친화적 정책들이 전 세계적으로 확산됐다.

2010년대 이후에는 정부의 역할에 대해 1980~90년대처럼 새로운 경제이론과 새로운 정치 리더십이 등장하지 않고 있다. 다만 1990년대 영국과 미국 등에서 추진됐던 탈규제화와 사유화가 과도했다는 평가가 주를 이루고 있다. 1997년의 아시아 외환 위기와 2008년의 지구적 금융 위기는 금융시장 규제의 중요성을 분명하게 각인시켰다. 또한 사유화와 경쟁 도입을 위해 추진한 다양한 사업 구조조정이 이론적으로 예상한 결과에 미치지 못한다는 평가도 나타났다. 다수의 전문가들은 사유화와 시장자유화의 이데올로기가 1990년대 이후에 과도하게 날뛴 것으로 평가하고 있다.

오늘날에는 정부의 적절한 역할에 대한 거대담론적 논의보다 개별 분야와 개별 상황에서 정부와 시장의 역할 간의 한계와 균형을 이해하려는 노력이 이어지고 있다. 민간기업과 시장이 경제의 성공을 위한 핵심 요소라는 데에는 광범한 합의가 있지만, 정부 역시 시장을 보완하기 위해 중요한 역할을 해야 한다는 인식이 지배적이다. 시장은 종종 실패하지만 시장실패를 교정하는 정부 역시 종종 성공하지 못한다. 시장은 아주 제한적인 가정하에서만 효율적이고, 시장이 적절하게 해결하지 못하는 많은 문제가 존재한다. 이 경우 정부가 나서서 이 문제를 해결할 수 있지만 그렇지 못한 경우도 많이 존재한다. 차선의 선택이 될 수밖에 없는 정부의 역할이 무엇인가에 대해서는 분야별로 계속 고민이 이어지고 있다.

정부의 역할은 동일한 발전 수준의 국가들에서도 규모, 민족 구성, 역사, 문화 및 정치체제의 차이로 인해 서로 다르게 나타난다. 경제적·기술적 관계의 기초가 되는 제도적 환경, 즉 생산과 교환을 지배하는 규칙과 관습이 정부의 기능을 규정하는 데 매우 중요하다. 그리고 정부의 역할을 규정할 때 가장 큰 어려움은 정부가 작동하는 기반이 항상 변화하기 때문에 발생한다. 예컨대 통신시장, 전력시장 등에서 나타나는 기술의 변화는 시장실패의 본질적 성격을 변화시키고 있다. 이 경우 정부의 역할은 시장실패를 대체하는 것이 아니라 시장과 협력해 시장실패를 수정하는 것이어야 한다.

물론 어떠한 경우에서도 시장자유화는 여전히 중요하다. 시장자유화는 신규 진입자들이 일자리와 부(富)를 창출할 수 있도록 하고, 시장이 더 낮은 거래비용으로 더 유연하게 기능하도록 하며, 기업이 규제의 미로를 헤쳐 나가며 새로운 산업을 창출하고 성장할 수 있도록 한다. 규제가 과도하면 기업의 자유로운 시장 진입을 제한함으로써 비공식적이거나 때로는 불법적인 활동이 만연하게 된다. 반면 합리적 규제는 시장의 결과에 과도한 영향을 미치지 않으면서 정치·사회적인 목적을 달성하는 데 도움이 된다. 하나의 제도(게임의 규칙)로서 규제는 환경을 보호하고, 정보비대칭성하에서 소비자와 노동자를 보호할 수 있으며, 또한 경쟁과 혁신을 촉진하고 독점력의 남용을 방지함으로써 시장이 좀 더 효율적으로 작동하도록 한다.

궁극적으로 정부는 정부의 역량에 맞게 정부의 활동을 설계하고 그 성과를 개선하는 데 노력을 집중해야 한다. 많은 국가에서 정부는 적은 자원과 부족한 역량으로 너무 많은 일을 하려고 했기에 문제가 발생했다. 국가에 대한 요구와 이러한 요구를 충족하는 정부의 역량 사이에 격차가 확대되고 있는 만큼 이를 좁히기 위한 여러 가지 방법을 찾아서 실행해야 한다. 이 과정에서 논의의 초점은 정부가 무엇을 하고 무엇을 하지 않을 것인가의 문제가 아니라 그것을 하는 방법상의 문제로 귀결된다.

정부는 완전고용을 유지하고 최악의 빈곤을 경감하기 위해 적극적인 역할을 해야 하지만 경제 내에서 민간기업이 주도적인 역할을 할 수 있도록 해야 한다. 시장실패가 매우 심각한 결과를 초래하고 있고 정부 개입이 상당한 성과를 만들어 낼 수 있다는 객관적 증거가 있을 때에만 시장에 개입해야 한다. 정부와 시장이 함께 작동하는 방법을, 서로의 장점이 발휘될 수 있는 방법 —예컨대, 시장친화적인 정부 메커니즘— 을 발견하고 시도하는 노력이 중요하다. 끊임없이 변화하는 환경 속에서 최선의 정부 역할을 모색하는 것은 이데올로기의 영역이 아니라 점차 기법(art)의 영역으로 이해되고 있다.

정책, 정부가 일하는 방식

정부가 하는 일을 '정책(policy)'이라고 부른다. 정책은 정부라는 주체가 어떤 사회적 문제를 해결하기 위해 의도적으로 개입하는 일련의 계획을 의미한다. 정책 과정은 정부가 그러한 문제에 대해 바람직한 방향과 대안을 제시하고, 그 대안이 타당하고 실현 가능한 경우 의사결정을 통해 민간 시장에 개입하는 형태로 구현된다.

대부분의 정책은 의도한 효과를 발생시킬 것이라는 가정에 근거해 수립되고 시행된다. 정책을 설계하는 정부나, 정부에 각종 정책을 요구하는 입장에서는 정부가 만약 그런 정책대안을 선택해 시행하면 원하는 결과가 산출되고 정책 목표를 달성할 수 있다고 믿는다.

그런데 이런 접근 방법은 정책이 사실은 하나의 '가설(假說, hypothesis)'에 불과하다는 점을 간과하기 쉽다. 정부의 정책 과정은 완벽하지 않다. 정책환경의 변화, 정책문제 해결에 필요한 정보의 확보, 정책 집행에 필요한 자원의 동원, 정책 결과의 모니터링 등 일련의 정책 과정에 필요한 모든 정보를 완벽하게 파악한 후 대안을 설계하고 집행하는 데에는 한계가 있기 때문이다. 그래서 정책은 잠정적으로만 타당하고, 늘 오류의 가능성이 있다.

한편 정부가 일하는 방식, 즉 정책은 크게 두 가지로 유형화할 수 있다. 하나는 재정을 활용한 정책 수단이다. 정부가 직접 자금을 투입하거나 보조금의 지급, 바우처의 지급, 조세의 감면 등 다양한 재정적 수단을 활용하는 방법을 말한다. 다른 하나는 규제를 정책 수단으로 활용하는 것인데, 정부가 법령을 통해 국민의 권리를 제약하거나 의무를 부과하는 방식으로 정책 목표를 달성하려는 방법을 말한다.

재정정책은 재원이 충당돼야 가능하다. 한편 정부는 무수히 많은 정책을 만들어 추진하는데, 이에 필요한 재원을 모두 확보하는 것은 불가능하다. 그래서 정부는 우선순위가 높은 정책을 중심으로 재정에 기반한 수단을 활용하고, 그 밖의 경우에는 이를 대체할 수 있는 다른 정책 수단을 모색하게 된다.

규제는 재정이 부족한 상황에서도 실행 가능한 정책 수단이다. 정부가 원하는 정책 목표를 법령에 반영하고 정책 대상 집단에 해당 내용을 준수하게 하며, 이를 준수하지 않을 경우 경제적 부담 내지는 행정적 조치를 취하는 방식으로 설계되기 때문이다. 정부 규제는 재정에 비해 상대적으로 높은 강제력을 가지고 있고, 피규제자의 순응을 확보하기도 용이하며, 정책 추진에 따른 재원의 한계에서도 자유롭기 때문에 정부는 규제를 상대적으로 쉬운 정책 수단으로 인식할 가능성이 높다.

이런 이유로 규제는 정부가 정책을 추진할 때 가장 광범위하게 활용하는 수단이다. 이 과정에서 규제를 준수해야 하는 피규제자들에게 규제를 준수하는 데 필요한 다양한 직접비용을 발생시키고, 그로 인한 사회적 비용도 발생시키며, 이들 비용이 최종 소비자에게 전가되기도 한다. 그 외 규제는 매우 직접적으로 피규제자의 재산권을 제약하는 조치를 포함하기도 하며, 이해관계의 변화를 초래해 사회적 갈등을 유발하기도 한다.

한편 대부분의 규제는 이해관계를 확정하거나 변화시키는 속성을 가지기 때문에 일단 규제가 만들어지고 나면 이해관계가 고착되며, 이로 인해 한 번 도입된 규제는 쉽게 변화되거나 없어지지 않는다. 가설이라는 속성으로 규제를 평가하자면, 아무리 합리적인 규제라도 시간이 지나면 오류가 있는 지점이 생기게 되고, 그만큼의 개선 수요가 있는 것으로 볼 수 있다. 그래서 정부는 규제의 형성, 유지, 폐지의 전 과정을 지속적으로 모니터링하고, 더 나은 규제가 될 수 있도록 규제의 품질을 상시적으로 관리해야 한다.

규제와 국가 발전

1) 제도로서의 규제, 정책으로서의 규제

국가 발전의 동력은 어디에서 오는 것일까? 국부(國富)의 축적은 정부의 적극적인 정책 집행의 결과로 나타나는 것일까? 아니면 민간 경제 주체들의 끊임없는 노력에 의한 것일까? 경제 성장에 걸맞은 사회 문화 수준의 달성은 어떻게 가능한 것인가?

스미스(Adam Smith)가 250여 년 전에 『도덕감정론』과 『국부론』을 통해 이런 근본적인 질문에 답하려 노력했고, 현대 제도경제학에서는 이를 이어받아 경제학의 외생변수로 취급되던 '제도(institution)'를 개념화해 분석 대상에 포함시킴으로써 국가, 시장, 그리고 경제적 성과 간의 관계를 설명하는 데 기여하고 있다.

노벨 경제학상을 수상한 노스(Douglass C. North)의 정의에 따르면, 제도는 '게임의 규칙(rule of game)'이다. 제도는 한 사회를 구성하고 있는 구성원이 사회적 상호 작용을 하는 방식을 결정하며, 그 결과 거래의 불확실성을 제거하고 안정적이며 예측 가능한 거래를 가능케 해 주는 장치다.

이런 제도는 크게 공식제도와 비공식제도로 구분해 볼 수 있는데, 전자는 헌법, 법률, 법령, 규칙 등과 같이 입법기관 혹은 행정부의 입법 절차에 의해 확정된 것이며, 비공식제도는 문화, 관습, 규범 등과 같이 한 사회가 오랜 시간에 걸쳐 구성원의 행동 양식으로 발전시켜 온 구속력이 있는 행동 규칙들을 말한다. 이렇게 볼 때, 정책은 공식적 제도의 한 유형임을 알 수 있다.

한편 어떤 규칙을 제도로 보는가, 정책으로 보는가는 상당한 차이가 있을 수 있다. 물론 정부가 고안해 운영하는 규칙들은 제도로서의 성격을 더 많이 띠는 것과 정책으로서의 성격을 더 많이 띠는 것이 있을 수 있다.

정책은 정부가 사회문제의 해결을 위해 고안한 규칙으로 일컬어진다.

제도의 관점에서 정책을 보면, 거래의 불확실성을 제거해 사람들 사이의 상호 작용에서 예측가능성을 높이는 장점이 부각된다. 그리고 사람들의 행동, 의사결정, 상호 작용의 성과를 더 많이 보장해 주는 정책일수록 바람직한 것으로 평가된다. 이 경우 사람들은 정책이라는 제도가 설정해 놓은 장(場) 속에서 상호 작용한다. 이런 제도로서의 정책은 특정한 목적을 지향하지 않는다. 국가를 당사자로 하는 계약에 관한 법률에서 정한 계약 절차를 생각해 보면 쉽게 이해할 수 있다.

그러나 대부분의 정책은 목적지향성을 갖는 프로그램이다. 교육환경 보호를 위해 학교 주변 위생을 관리하고, 청년사업자의 어려움을 위해 사업자금 지원을 하며, 생애 최초 주택 구입을 할 때 저리로 자금을 빌려 주는 것 등이 대표적이다. 이들 정책은 제도로서의 정책과 달리 특정한 목적 달성을 위한 것이다.

규제라는 정책 역시, 그 자체로 일반 원칙으로 작동해 행위자의 예측가능성을 높여 주는 제도로서의 성격과, 특정한 정책 효과를 달성하기 위해 목표-수단의 구조로 설계된 정책으로서의 성격 모두를 갖는다.

먼저 규제 중에는 제도에 가까운 성격을 갖는 것이 있을 수 있다. 이런 경우 규제는 특정한 목적 달성을 의도하는 정책의 성격보다 민간 경제 주체들의 상호 작용에서 거래비용을 줄여 주는 일반적·보편적 규칙으로 기능한다.

예를 들어 시장에서 사업을 영위하고자 하는 행위자가 갖춰야 할 기본 요건 혹은 행정 절차에 관한 규정을 정해 놓은 규제가 대표적이다. 이러한 규제는 특정인을 시장에 진입시키는 것을 목적으로 하지 않는다. 그저 특정 시장에서 행위자가 영업 행위를 영위하기 위한 기본 요건을 규제할 뿐이다. 해당 요건을 갖춘 행위자들은 누구나 자유롭게 창의적인 방법으로 상품과 서비스를 개발하고 거래할 수 있다.

이와는 다르게 정책의 특성을 보이는 규제도 존재한다. 이들 규제는 특정 목적을 달성하는 것을 목적으로 하고 있으며, 특정 행위 혹은 활동을 금지하는 방식의 규정을 포함하는 경우가 많다. 예를 들어 차량 속도 규제, 상수원 보호를 위한 행위 규제 등이 대표적이다.

물론 규제에 따라서는 하나의 규제 안에 이 두 가지 특성을 모두 포함하고 있는 경우도 있다. 예를 들어 정부는 일정한 기준을 정해 두고 재정 지원 대상자와 지원 방식을 결정하고 집행한다. 또 자원 배분, 조세 부과 등 등 다양한 정책 분야에서도 어떤 경우에는 일반적 원칙을 포함한 규제를 활용하기도 하고, 어떤 경우에는 구체적인 행위를 제약하는 방식으로 규제를 설정해 특정 목적을 달성하려는 노력을 기울이기도 한다.

이처럼 규제는 복합적인 속성을 갖고 있지만, 규제가 국가 발전에 주는 함의는 일관된다. 그것이 어떤 형태를 띠고 있건 간에 규제는 행위자의 행동 방식을 결정하고, 안정적 시장 거래를 보장하는 역할을 해야 한다는 것이다. 만약 규제가 개인의 의사결정의 자율성이나 재산권을 보호하고 거래비용을 줄이는 방향으로 설계돼 있다면 그런 국가는 경제활동, 재산권 보호, 가치의 구현, 재분배 등에 대한 높은 예측가능성을 가진 안정적 사회로 지속적으로 발전할 수 있다.

이와는 반대로 규제가 특정 목적을 달성하기 위해 개인의 자율성이나 재산권을 침해하고 거래의 불확실성을 높이는 방향으로 설계돼 있다면,

시장 거래나 정부 정책의 예측가능성이 낮아져서 안정적인 사회 발전을 기대하기 어렵게 된다.

물론 정부가 부득이하게 특정한 정책 목적을 달성하기 위해 규제를 도입해서 개인의 자유를 제약하고, 재산권을 침해하며 거래비용을 증가시킬 수밖에 없는 경우도 있을 수 있다. 그러나 이때에도 정부는 여러 규제 대안 중에서 좀 더 자유의 제약 정도가 덜하고, 재산권 침해가 덜하고, 거래비용을 덜 증가시키는 제안을 채택해야 한다.

규제 실패의 원인

합리적으로 만들어진 규제, 즉 제도로서의 규제는 시장 행위자들에게 긍정적인 참여 동기를 제공할 뿐만 아니라 사회 전체로도 경제 성장 혹은 최적화된 자원 배분과 같은 긍정적 성과를 도출한다. 반면 불합리한 규제는 개인의 재산권 보호를 위한 기회주의적 행동, 집단행동의 딜레마 등을 야기함으로써 사회 전체적으로 자원 배분을 왜곡시킨다.

이처럼 규제의 형성 과정에서 피규제자의 행위 유인을 충분히 이해하지 못하고 규제를 설계하는 경우, 규제는 의도하지 않은 결과를 낳게 된다. 선스타인(Cass R. Sunstein)은 이런 현상을 '규제의 역설(regulatory paradox)'이라고 명명했다(Sunstein, 1990). 그의 설명에 따르면, 규제는 사람들의 유인에 영향을 미치고, 때로는 이들의 행동을 변화시켜 규제 목적의 달성을 좌절시키기도 한다. 규제 실패를 이해하기 위해서는 이런 유인에 대한 깊이 있는 이해가 필요하다.

첫째, 이상적이고 규범적인 요구에 따라 실현 불가능하거나 실현이 매우 어려운 규제를 도입하면 실제 현장에서 그 규제는 유명무실하거나 아예 작동하지 않게 된다. 환경오염이 없는 세상을 구현하기 위해 도입한 오염 '0'의 기준은 기술적으로도 실현할 수 없으며, 정부는 이를 집행할 수 있는 자원을 확보하지 못해 결국 규제는 사문화된다. 어쩌다가 정부가 강력한 집행 의지를 보이고 단속이라도 하게 되면, 피규제자는 재수가 없어서 단속당했다는 생각을 하게 되기 십상이다. 규제의 예측가능성과 안정성을 상실하는 것이다.

둘째, 현존하는 최고의 기술을 활용한 제품 생산을 의무화하면, 오히려 새로운 기술의 개발이 늦어진다. 정부가 규제를 통해 최고의 기술을 사용하도록 하면, 최고의 기술을 보유한 기업은 이 기술의 유출을 방지하고, 이 기술을 개발하거나 활용하는 시장에 다른 기업이 진출하지 못하도록 진입장벽을 마련하게 된다. 이렇게 되면 규제로 인해 소위 독점적 지위를 보장받은 신기술 보유 기업의 입장에서는 새로운 기술을 개발할 유인이 사라지게 되며, 다른 사업자는 신기술 시장에 진입할 기회가 사라지는 셈이 된다. 결국 민간 시장 행위자의 입장에서는 추가적인 신기술 개발이나 판매의 기회가 모두 사라져 또다시 정부가 진흥정책이라는 수단을 통해 신기술 개발을 지원하고 유도하기 전까지는 침체가 지속될 가능성이 높아진다.

셋째, 재분배 시장에서도 사회적으로 취약한 계층을 위한 규제의 도입이 오히려 이들을 보호하지 못하는 결과를 낼 수 있다. 이미 우리 사회가 경험한 것처럼 최저임금제가 최고임금제로 작동하게 되는 역설, 대학의 시간강사 고용 의무 기간의 지정으로 인해 제한된 강의 시장에 신진 학자가 진입하지 못하게 되는 역설이 대표적인 사례다. 강력한 최저임금제를 도입하면, 사업자는 높은 단위 임금으로 고용을 유지해야 하고, 이윤이 늘지 않는 한 이미 고용된 인력을 줄여야 하는 상황에 직면한다. 결국 사업자는 노동생산성이 가장 낮은 인력 그러니까 예를 들자면 미숙련 인력의 수를 줄이게 된다. 문제는 이들이야말로 규제를 도입해 보호하려던 계층이라는 점이다.

이런 상황이 반복돼 원래 의도하던 규제의 목적을 달성하지 못하는 상황에 이르면 정부는 규제 실패를 교정하기 위해 추가적인 규제 혹은 새로운 규제를 도입하는 악순환에 빠진다. 이처럼 원래의 규제가 지나치게 과도해 높은 순응비용을 발생시킬 경우, 피규제자가 규제에 불응하거나, 규제 목적의 달성이 불분명해져서 추가적인 규제를 도입하게 되고, 그로 인해 피규제자의 규제 부담이 지속적으로 증가되는 현상을 '규제의 피라미드(regulation pyramid)'라고 한다.

요컨대 잘못된 규제 설계는 피규제자의 행위 유인을 왜곡하고, 왜곡된 유인은 원래 규제의 취지를 달성하지 못하게 만드는 규제 실패의 원인이 된다. 장기적으로는 시장참여자들의 도전과 창의성을 억눌러 기술 개발이나 시장 개척의 장애물이 된다.

규제가 새로운 도전을 시도해 보려는 기업가 정신을 막아서는 것, 즉 기업가의 '시도해 보려는 유인'을 제약하는 규제는 그것이 타당한지 검토해 볼 필요가 있다. 이때, 고려해야 하는 핵심 포인트는 규제가 의도하는 환경, 소비자 안전 등의 목적과 그것의 실현가능성, 그리고 그런 규제로 인한 기업가 정신의 약화가 될 것이다. 이 경우 더 나은 규제 설계나 운영 방식의 조정을 통해 이 둘 간의 조정은 가능할 수 있다. 규제관리에서 정부의 역할은 바로 여기에 있다.

규제와 규제개혁 그리고 국가 발전

세계 각국 정부는 규제 품질 경쟁에 나선 지 오래다. 더 나은 품질의 규제가 있는 국가의 국민들은 불합리한 규제로 인한 부담이 적으며, 기업활동의 자유도 더 많이 보장받는다. 그 결과 국민들은 무엇이든 새로운 것을 시도할 수 있는 자유를 누리며, 기업은 더 높은 성과를 창출한다. 새로운 사업 아이디어를 시도해 보고, 그것을 사업화할 기회도 많아진다. 스타트업(startup)이 스케일업(scaleup)의 지난한 과정에서 살아남아 성장할 경우, 일자리 창출은 물론이고, 정부의 각종 재정수입도 많아진다. 이것이 더 나은 국가와 공동체를 만들기 위해 규제개혁이 필요한 이유다.

다른 조건이 동일하다면, 불합리한 규제가 많은 국가는 기업 활력이 떨어진다. 그 경우, 기업의 성과가 낮아지고, 이들로부터 걷히는 세금이 적어진다. 기업은 규제를 피해 다른 국가로 사업장을 옮기기도 한다. 이렇게 국가의 부(富)가 줄어들면, 사회적 후생도 감소할 수밖에 없다. 반면 합리적 규제가 많은 국가는 기업활동의 활력이 상대적으로 높아져 성과도 높아진다. 외국 기업 유치 등 다른 국가로부터 투자가 확대되기도 한다. 자연스럽게 정부의 세수가 늘어나며, 국가의 부가 늘어난다. 정부는 각종 재정사업을 통해 인프라, 사회복지, 기타 공공사업을 더 활발히 전개할 수 있게 된다. 규제개혁은 이렇게 국가 발전과 밀접히 관계돼 있다. 참고로 우리나라 2022년 국세수입 예산에서 법인세는 총국세 대비 26.2%다.

> **생각해 보기**

아래 OECD 시장규제지수(Product Market Regulation Index)[1]를 보면, 영국이 규제 품질 1위로 나타난다. 반면, 튀르키예, 아프가니스탄, 브라질, 남아프리카공화국, 코스타리카 등은 규제 품질이 매우 낮은 것으로 나타나고 있다. 이들 국가와 영국 간의 현재의 국가경쟁력의 차이는 앞으로 더 커질까, 좁아질까? 한국은 어떤가?

국가별 시장규제지수 비교(2018년)

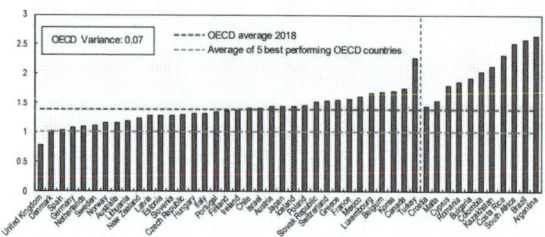

출처: OECD(2020), *The 2018 edition of the OECD PMR Indicators and Database: Methodological Improvements and Policy Insights Economics Department Working Papers*, No.1604. p.216.

물론 잘사는 국가일수록 규제 품질이 높다. 이것이 시사하는 바는 적지

---

1) 정부 규제가 시장 경쟁을 촉진하는지, 억제하는지를 평가하는 지표로 OECD가 개발해서 1998년부터 5년 주기로 발표하고 있다. 2018년에는 지수 체제를 크게 개편해서 리뉴얼하는 등 OECD는 한 국가의 규제 체제가 시장 경쟁의 자유도에 미치는 영향을 좀 더 정밀하게 측정하기 위해 노력하고 있다.

않다. 잘사는 국가와 못사는 국가의 격차가 더 커질 것을 의미하는 것이기 때문이다. 잘사는 국가이면서 규제 품질 경쟁에서도 우위에 있으면 국민의 규제 부담은 더 줄어들고, 기업의 성과도 더 높아지게 된다. 못사는 국가이면서, 규제 품질 경쟁에서도 뒤처지면, 반대로 국민의 규제 부담은 높아지고, 기업 성과는 낮아지게 된다. 이것이 우리나라 정부가 지속적으로 규제개혁에 관심을 가져야 하는 이유다.

한편 규제는 영구 불변이 아니다. 영구 불변이어서도 안 된다. 왜냐하면 규제를 제정하던 시기의 정치, 경제, 사회, 문화, 기술환경은 지속적으로, 때로는 급격하게 변화하기 때문이다. 규제를 도입하는 시점에서 아무리 합리적이고 필요한 규제였다 할지라도 규제를 적용하는 환경이나 규제 대상 집단이 변화하면 그 규제는 이미 합리성을 잃게 된다.

이런 이유로 시대에 맞지 않는 규제를 그대로 두고 보는 정부는 직무를 유기하는 것과 다르지 않다. 국민에 불합리한 규제, 사회문제 해결에는 신통치 않으면서 사회적 비용이 과도한 규제를 고치는 것은 정부의 기본 의무다. 그런 규제를 만들고 운영한 주체가 바로 정부이기 때문이다.

다음 상자글의 국가산업단지 관련 사례는 대표적으로 정책 목표 달성에 의문이 가는 사례다. 정부는 산업단지를 지정하고 부지를 조성해 기업체에 값싸게 제공함으로써 기업의 경쟁력을 제고하는 데 기여해 왔다. 그렇지만, 산업단지 입주 자격 요건과 업종에 관한 규제는 기술 개발과 새로운 산업 유형의 대두 등 산업환경의 변화를 제대로 반영하지 못하고 있다. 이 때문에 입주 자격에 대한 시비가 끊이지 않고 있으며, 산업단지에 입주했으면 경쟁력을 확보할 수 있었던 기업들이 경쟁력을 잃고 사업을 접는 일까지 발생한다.

> **희망 고문이 된 규제 샌드박스**
>
> ㈜디디박스 사례를 들 수 있다. 디디박스는 오토바이에 디지털 배달통을 설치해 음식업체와 대표 음식을 광고하는 서비스다. 배달통에 LED와 사물인터넷(IoT)을 접목한 ICT 융복합 제품의 특성상 옥외광고물법과 자동차관리법의 금지 규정에 의해 시장 진출이 어려운 상황에서 규제 샌드박스 1호 사업으로 선정됐다.
> 현행 옥외광고물법상 도로 교통 수단은 전기나 발광 방식의 조명을 이용하는 광고물 부착이 금지돼 있으나 실증특례를 통해 광주광역시에서 2년간 디디박스를 최대 100대 운행할 수 있는 허가를 받았다. 도로교통상 안전성이 입증되면 전국으로 확대할 수 있는 조건이 붙었다. 이후 소규모 시범 사업을 시행했지만, 관련 규제가 개선되지 않았다. 지역·대수 제한이 전혀 풀리지 않았던 것이다.
> 이 때문에 수익이 나지 않는 제한된 범위에서 사업을 지속해야만 했다. 결국 빚더미에 오를 수밖에 없었고, 국내에서는 사업 철수를 결정했다. 그렇지만 이 사업은 2019년 현재 러시아·북미·유럽 등에서 스타트업 대상을 받는 등 해외에서만 1,263억 원의 가계약을 체결한, 경쟁력이 있는 사업으로 인정받고 있다.
>
> 출처: 머니투데이(2022.2.10.)

시장에서 산업 기술 발전은 기업의 생존을 위한 치열한 경쟁의 결과다. 기업은 경쟁력 유지를 위해 새로운 기술을 개발하고 새로운 제품과 사업 영역을 끊임없이 개척한다. 위의 사례는 이런 상황에서 규제가 어떤 불합리함을 초래할 수 있는지, 정부는 또 어떤 역할을 해야 하는지를 잘 보여준다.

또한 오늘날 4차 산업혁명 시대, 즉 챗GPT, 인공지능(AI), 자율주행, 빅데이터 관련 산업이 발흥하고 있는 상황에서 정부가 기존 산업구조에 기반한 규제 체제를 유지하거나, 기득권 조정의 어려움을 핑계로 규제개혁에 소극적이면, 신산업을 중심으로 시장에 진출하려는 많은 신생 기업이 기회를 상실하고 더 나아가서는 국가경쟁력을 갉아먹을 수 있음은 자명하다.

한편 이런 현상을 해소하기 위해 우리나라에서는 규제 샌드박스 제도를 운영해 새로운 아이디어를 가진 기업이 규제로 인해 시장에 진입하지 못하고 있을 때, 임시 허가와 실증특례의 방법으로 시장 진입을 한시적으로 허용하고 있다. 그러나 이 제도의 성공에도 불구하고, 일부 사례의 경우 한시적인 규제 적용 유예 기간이 종료될 때까지도 규제 법령이 개정되지 않아 본격적인 시장 진입에 실패하는 사례들이 발생하고 있다. 이것은 규제개혁을 위한 수단 역시, 구체적 시행 과정에서 그것이 실효적으로 작동하는지를 살펴보고, 지속적으로 개선해 나가야 함을 잘 말해 준다.

규제개혁이 필요한 이유

우리나라 정부의 규제개혁

우리나라에서 규제개혁은 1997년 「행정규제기본법」이 제정돼 1998년 3월 1일 시행된 후 지속적으로 추진돼 왔다. 특히, 김대중 정부 이후에는 규제개혁이 주요 국정 어젠다에서 빠진 적이 없다. 각 정부별 규제개혁의

특징은 다음과 같다.[2]

규제개혁이 최초로 공식적으로 추진된 것은 김대중 정부다. 김대중 정부에서는 대통령직속 '규제개혁위원회'를 중심으로 규제개혁을 추진했다. 당시 규제개혁의 기본 목표는 경쟁 제한 규제의 폐지, 국제 규범에 부합하지 않는 규제의 개혁, 환경, 안전, 보건 등 반드시 필요한 규제는 규제 기준에 조화시키고 규제 수단을 합리화하는 것을 기본 목표로 했다.

규제개혁 목표의 달성을 위해 규제 전수조사를 통한 현황 파악, 원점(zero-base)에서 규제 재검토 및 정비, 근거 법령이 없는 행정 규제의 정비를 통한 규제법정주의의 확립, 신설 및 강화 규제에 대한 사전 심사 도입 등이 추진됐다. 규제 기요틴(regulatory guillotine)과 같은 과감한 정책이 이뤄지기도 했다. 이런 김대중 정부의 규제개혁은 추진 체계 등 규제개혁 추진의 기틀을 구축했고, 규제의 숫자를 크게 감소시키는 성과를 달성했다.

노무현 정부는 김대중 정부에서 추진한 규제의 양적 감소에 이어 규제의 품질을 개선하려는 노력을 기울였다. 피규제자의 규제 집행에 대한 예측가능성을 높여 주기 위해 규제 집행의 재량권을 축소하고, 사전 규제 및 중복 규제를 개선하려고 노력했다.

구체적으로는 포지티브 방식의 사전 규제를 네거티브 방식의 사후 규제로 개혁하는 것, 중복규제를 개선하고 규제를 국제 수준에 맞게 개선하는

---

2) 이와 관련된 상세한 내용은 이민창(2017), "우리나라 규제개혁 추진 과정에 관한 고찰: 규제개혁 거버넌스와 민관협력 성과를 중심으로," 「한국거버넌스학회보」 제24권 제1호, pp.271-298을 참조.

것 등을 핵심 목표로 추진했다.

이명박 정부는 규제개혁을 국정 최우선 과제로 지정하고 덩어리 규제 해소를 위한 추진 체계의 정비와 피규제자의 부담이 크고 규제개혁의 체감도가 높은 규제를 개선하는 데 목표를 뒀다. 특히 규제개혁 추진 과정에서 국가경쟁력위원회가 개별 규제에 대한 심의와 개선을 주도한 것이 특징이다. 이명박 정부가 세계 최초로 고안한 한시적 규제 유예제도 (Temporary Regulatory Relief)는 시급하면서도 피규제자의 체감도가 높은 규제를 발굴해 일시적으로 개선함으로써 규제로 애로를 겪는 기업들의 숨통을 틔워 주는 데 기여한 것으로 평가된다.

박근혜 정부는 규제정비종합계획 수립, 네거티브 규제 확대, 손톱 밑 가시 규제개선, 규제 품질관리 등을 규제개혁 목표로 제시했다. 이 시기에는 규제개혁 장관회의를 통해 대통령이 강력한 규제개혁 추진 의지를 표명함과 동시에, 다양한 제도 개선 조치를 병행했다. 규제비용 감축제 실시, 규제개혁신문고 제도를 통한 규제개선 건의 수용률 제고, 손톱 밑 가시로 대변되는 기업 애로 규제개선 등 규제개혁 전반에서 성과를 냈다. 이 밖에도 신산업 분야, 인증 규제, 조달 분야 등 새로운 규제개선 과제를 발굴한 점도 인정된다.

문재인 정부는 박근혜 정부에서 추진하던 다양한 규제개혁 제도의 심화 및 신산업 분야에 대한 집중이 돋보인다. 네거티브 규제를 실행 가능한 수준으로 정교화하려고 노력했고, 규제 샌드박스를 본격적으로 도입, 신산업 신기술 분야의 규제장벽을 돌파하는 데 기여했다.

윤석열 정부 또한 규제개혁을 중요한 국정과제로 채택하고 있다. 정부

각 부처와 국무조정실 내 규제조정실이 규제개혁 추진을 위한 시스템 구축과 인력 보강을 위해 노력하고 있다. 민간 부문의 활력 보장을 기본 방향으로 삼아 국무조정실이 운영하는 규제심판부, 국무총리가 단장인 규제개혁추진단, 대통령이 주재하는 규제개혁 전략회의 등 새로운 규제개혁 추진 체계를 정비하고 덩어리 규제, 신산업 규제, 규제 품질관리 등을 기본 추진 전략으로 해서 규제개혁 과제를 발굴하고 그 개선을 추진하고 있다.

요컨대, 역대 각 정부는 모두 규제개혁을 강조해 왔다. 다만, 규제개혁을 담당하는 추진 체계의 설계, 규제개혁 추진 동력의 차이, 규제개혁 대상 분야에 대한 시각의 차이 등이 존재했고, 그 성과에도 차이가 있다.

규제개혁의 성과와 진단[3]

이렇게 매 정부마다 중요한 국정과제로 선정해 추진해 온 우리나라 규제개혁은 한국의 규제 수준을 주요 선진국들과 비교해 볼 때 어느 정도 수준까지 개선했을까? 규제 선진국들과 비교할 때 규제가 더 강한 수준일까 약한 수준일까? 좀 더 객관적인 관점에서 우리나라 규제개혁의 성과를 진단해 보자.

규제개혁의 성과를 객관적으로 비교해 볼 수 있는 기준 중의 하나는 경제협력개발기구(OECD)가 발표하는 시장규제지수(Product Market

---

[3] 이 부분에 관한 상세한 내용은 강영철(2021), "규제학회 20년, 미완성의 두드림, 새로운 준비," 「규제연구」 제30권 제2호를 참조.

Regulation Index: PMR)다. 이 지수는 특정 국가의 규제 체계가 시장 경쟁을 촉진하고 있는지를 기준으로 OECD 회원국들의 규제 수준을 평가한다.

이 지수는 1998년 최초 도입된 이래 매 5년마다 발표하고 있으며, 그동안 총 5회의 평가 결과가 발표됐다. 통상 이 지수의 순위가 높으면 규제가 강한 나라, 정부가 시장에 강하게 개입하는 나라로 이해할 수 있다. 이 지수의 결과를 근거로 우리나라의 규제개혁 성과를 OECD 국가와 비교해 보면 결코 성과가 높다고 말할 수 없다.

다음의 표에서 볼 수 있는 것처럼 우리나라는 1998년부터 수행했던 총 5회의 평가 모두에서 규제가 강한 상위 9개 국가에 속한다. OECD는 2018년 PMR 지수를 산출하는 통계 작성 방식을 변경했다. 지수 산출 방식 변경 전인 2013년을 기준으로 하면 한국보다 규제 지수가 일관되게 높은 국가, 즉 한국보다 규제가 강한 나라는 튀르키예와 멕시코뿐인 것으로 확인된다. 게다가 멕시코의 경우 2018년 통계 방식 변경 후에는 한국보다 규제가 약한 것으로 평가됐다.

이를 OECD 회원국 숫자를 기준으로 백분위를 산출해 보면, 한국은 1998년 PMR 지수 상위 28.6%에 포함됐다가 2003년에는 상위 30%로 개선된다. 그러나 2008년에는 17.6%, 2013년에는 11%에 속하는 등 백분위가 지속적으로 하락한 것으로 확인된다. 상대적으로 규제가 더 강해진 것이다.

또한, PMR 지수를 기준으로 규제 품질 상위 5위 이내의 모범 국가와 지수 격차를 산출해서 비교해 보면 1998년 1.0 포인트(한국 2.56, 최우수 5 국

연도별 OECD 시장규제(PMR) 지수 상위 순위 국가

	1998	2003	2008	2013	2018**
1위	튀르키예	튀르키예	튀르키예	튀르키예	코스타리카*
2위	폴란드	그리스	이스라엘*	이스라엘	튀르키예
3위	멕시코	멕시코	그리스	멕시코	콜롬비아*
4위	그리스	폴란드	멕시코	한국	캐나다
5위	헝가리	슬로바키아*	폴란드	그리스	미국***
6위	체코	포르투갈	한국	슬로베니아	한국
7위	포르투갈	헝가리	슬로베니아*	폴란드	벨기에
8위	한국	스위스	칠레*	라트비아*	룩셈부르크
9위	스위스	한국	포르투갈	미국	멕시코

* 해당연도에 처음으로 PMR지수가 평가된 국가
** 2018년은 PMR지수 산정방식이 전면 개편돼 그 이전과 직접 비교는 불가
*** 2018년 미국 수치는 미국 전체가 아니라 텍사스 주와 뉴욕 주만을 평가대상으로 함.

출처: 강영철(2021). '규제학회 20년, 미완성의 두드림, 새로운 준비.' 「규제연구」 제30권 제2호.

가 1.56)에서 2003년 0.65 포인트까지 축소됐다가 다시 증가하기 시작해 2013년에는 0.75 포인트로 높아졌다.

이런 현상을 어떻게 해석해야 할까? 단순히 규제가 강한 나라로 규정하고 끝내기에는 생각해 볼 점이 많다. 이 기간 동안 한국의 잠재성장률은 2002~2005년 평균 4.7%에서 2016~2020년에는 평균 2.5%까지 하락했으며, 2021~2025년 평균은 2.1%로 예측됐다. OECD에 따르면 PMR 지수로 측정할 수 있는 경쟁 제한 규제의 강도는 경제의 생산성과 밀접한 상

관관계를 갖는다.

만약 이 연구의 가정과 결과를 수용한다면 경쟁 제한 규제가 한국의 잠재성장률에 부정적 영향을 미쳤다는 추론이 가능해진다. 이것은 지난 25년간 모든 정부가 줄기차게 추진해 온 규제개혁에서 한국이 제대로 된 성과를 창출하지 못했음을 말해 준다. 이것이 바로 지금 이 순간 정부가 새로운 각오와 자세로 규제개혁 전략과 방법론을 일신하고 국민들이 정부로 하여금 실질적인 규제개혁 성과를 창출하도록 요구하고 압박해야 하는 이유다.

규제개혁, 전직 공무원 A 씨의 참회록

"민주화 이후 모든 대통령이 규제 혁파를 외쳤다. 이명박 대통령이 말했던 주제를 박근혜 대통령이, 지금은 문재인 대통령이 반복하고 있을 뿐이다. 하지만 바뀐 것은 별로 없다. 왜? 책임지는 것을 가장 싫어하는 공무원들이 버티고 있기 때문이다."

얼마 전까지 고위 공직자를 지낸 A 씨. 행정고시에 합격하고 30여 년 동안 중앙정부 부처 요직을 거쳤다. 청와대 파견도 다녀왔다. 그런 그가 취재진을 만나 고민 끝에 공무원으로서의 삶을 '참회'했다. "국민이 아닌 공무원 조직과 그 뒤에 있는 규제 시스템을 위해 산 건 아닌지 반성을 하지 않을 수 없다"고 했다.

A 씨가 스스로 경험하고 겪은 공무원은 일반인이 알고 있는 것 이상으로 '규제' 그 자체다. '제왕적'이란 평가를 받는 한국형 대통령제에서도 공무원들이 구축해 온 '규제 카르텔'은 건드리기 어렵다고 그는 단언했다. 한국 사회 내 모든 절차와 흐름의 모세혈관을 지배하는 것은 규제 시스템이고 이를 만들고 조정해 온 건 대통령이나 집권여당이 아닌 바로 공무원이라는 것이다.

"책임을 떠넘기는 가장 쉬운 방법은 국회에 관련 법안을 제출하는 것이다. 국회로 공이 넘어가면 공무원들은 책임에서 자유로워진다. 국회 통과 여부는 크게 중요하지 않다. 법안을 내고 여야의 싸움을 지켜보며 시간을 보내면 1, 2년은 훌쩍 간다. 그렇게 시간을 끌다 다른 자리로 옮겨가면 그만이다." 이 과정에서 공무원이 손해 볼 것도 없다. 개정안을 만들고, 정부 내 절차를 밟고, 국회에 제출하는 과정 자체가 실적으로 계산된다는 게 A 씨의 설명이다.

규제 혁파 드라이브가 국회에서 막히면 청와대는 '플랜 B'를 찾는다. 국회를 거치지 않고 정부가 직접 바꿀 수 있는 규제들을 찾는다는 것. 박근혜 정부의 '손톱 밑 가시'가 대표적이다. 하지만 A 씨는 이 역시 규제 혁파로 이어지기에는 턱없이 부족하다고 했다.

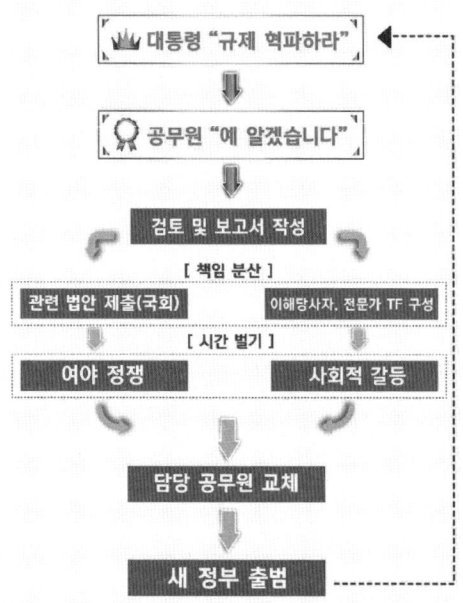

"각 부처는 사소한 사례를 몇 개 모아 건수 위주로 청와대에 실적을 보고한다. 규제 관련 제출 서류 몇 개 줄이는 등 본질과는 거리가 먼 것들이다. 전형적인 전시행정이자 파급 효과는 거의 없는 규제 완화일 뿐이다."

사회적 논란을 키우는 방법도 종종 사용한다고 A 씨는 말했다. 정부 위원회, 민관 합동 태스크포스(TF) 등 외부 기구를 만들어 책임을 분산한다. 이런 기구에 서로 의견이 다른 전문가들을 몰아넣으면 논란은 자연스레 확산된다.
"규제 완화가 필요한 첨단 분야일수록 서로 의견이 첨예하게 엇갈릴 수밖에 없다. 이런 기구에서조차 합의가 안 되면 서서히 힘이 빠지기 시작한다. 공무원들은 무리해서 끌고 나갈 필요를 못 느낀다. 청와대에서 '뭐하고 있냐?'고 독촉하면 '대한민국 최고의 전문가들과 TF 꾸리고 검토하고 있지 않느냐'고 보고한다. 이렇게 하다 보면 규제 완화 반대 논리는 자연스럽게 쌓여 가고 1, 2년은 우습게 지나간다. 임기 절반을 넘긴 대통령은 자연히 다른 관심거리를 찾게 된다. 그게 다른 규제이든 다른 이슈이든 사실상 끝나는 것이다."
A 씨는 대통령의 말 한두 마디로 공무원 사회를 바꾸기는 불가능하다고 했다. 정책 하나하나마다 수백 수천 명의 이해가 걸려 있다. 공무원이 가진 힘의 원천이기도 하다. 공무원은 기득권과 조직 지키기에 몰두할 수밖에 없다고 했다. 그는 "정부가 혁신 성장을 이루려면 공무원에게 의지하기보다는 진정으로 민간의 창의성을 존중해야 한다. 공직사회는 완전히 새로운 틀에서 다시 시작해야 한다"며 어렵게 꺼낸 참회를 마쳤다.

출처: 동아일보(2019.4.4.).

규제개혁에 대한 오해와 혼동

규제개혁에 대한 흔한 혼동

규제가 필요하다면 합리적이라는 착각

규제가 필요하다는 것과, 규제가 합리적이라는 것은 각각 다른 차원의 판단으로 구분해야 한다. 규제가 필요하다는 것이 어떤 규제이든 타당하다는 것을 담보하지는 않는다는 것이다. 정부는 물론 사회가 스스로 해결하지 못하는 문제를 해결해야 할 의무가 있다. 그렇다고 어떤 사회문제건 정부 개입이 필요하고, 그 문제 해결을 위해 도입된 규제는 합리적이라고 간주해서도 안 된다.

근대국가(인권, 기본권 보장을 의무로 삼으며, 민주주의 정체를 채택한 국가)는 국민(개인과 기업)에게 부담을 지우거나 간섭하기 위한 목적만으로 규제를 도입하지는 않는다. 국민을 괴롭히려는 목적으로 만들어진 규제는 존재할 수 없고, 어떤 규제든 공동체의 이익의 실현이라는 대전제를 갖고 도입된다.

> ### 산업안전보건법과 자동차관리법의 목표
>
> 산업 현장에 각종 안전 조치를 규제하고 있는 「산업안전보건법」은 사업자와 근로자에 각종 부담을 주기 위한 목적으로 도입된 규제가 아니고, "산업 안전 및 보건에 관한 기준을 확립하고 그 책임의 소재를 명확하게 하여 산업재해를 예방하고 쾌적한 작업환경을 조성함으로써 노무를 제공하는 사람의 안전 및 보건을 유지·증진함을 목적"으로 하고 있다(산업안전보건법 제1조).
> 자동차에 대한 안전 규제를 정하고 있는 「자동차관리법」의 목적은 자동차를 제작하는 기업의 제조비용을 증가시키는 것이 아니다. "자동차의 등록, 안전기준, 자기 인증, 제작 결함 시정, 점검, 정비, 검사 및 자동차관리사업 등에 관한 사항을 정하여 자동차를 효율적으로 관리하고 자동차의 성능 및 안전을 확보함으로써 공공의 복리를 증진함을 목적"으로 한다(자동차관리법 제1조).

따라서 사회가 풀지 못하는 문제가 있고, 정부 개입이 필요하다는 것이 인정된다 하더라도, 정부는 규제 도입에 여러 가지 변수를 고려해야 한다. 정부가 규제를 어떻게 설계하는가에 따라 사회문제를 해결할 수도 있고,

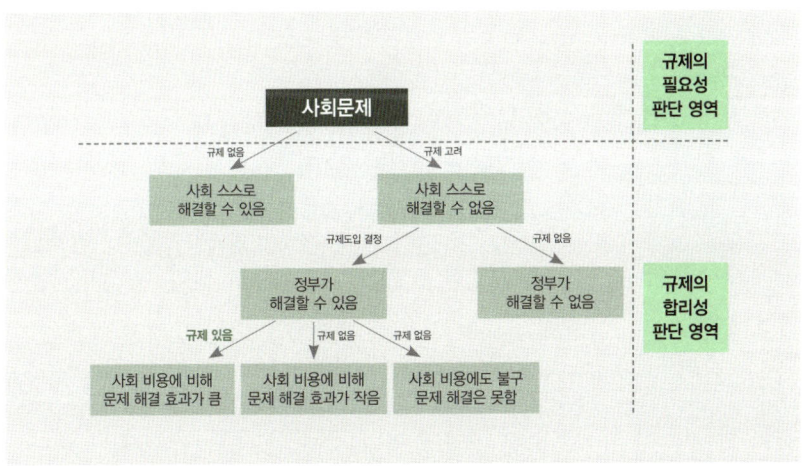

해결하기는 하지만 지나치게 큰 사회적 비용을 초래할 수도 있고, 최악의 경우 문제를 해결하지 못한 채 사회적 부담만 가중시킬 수도 있기 때문이다. 요컨대 문제와 문제 해결은 다르다.

따라서 사회적 문제가 존재하고 정부가 개입할 수밖에 없는 상황이라 하더라도, 그리고 국민들이 정부의 개입에 동의한다 하더라도, 규제라는 수단으로 정부가 그 문제를 해결할 수 없다면 정부는 개입하지 않는다고 결정하는 것이 더 낫다. 이 경우 정부는 규제가 아니라 재정이나 홍보 등 다른 유효한 정책 수단을 고려해야 한다.

> 사회문제가 있고, 그것을 사회가 스스로 해결할 수 없어서 규제의 필요성이 인정된다 하더라도, 그 규제가 사회문제를 실제로 해결하고, 규제로 인해 발생하는 사회적 비용보다 사회문제 해결의 효과가 클 때에만 규제는 합리성이 인정된다. 필요한 규제면 모두가 타당한 규제가 아니고, 합리적 규제만이 타당한 규제다.

규제 효과의 복잡성을 간과하는 습관

규제 효과는 규제 대상 집단에 그치지 않고, 그 밖의 사회 영역에 긍정적·부정적 영향을 미친다. 규제 대상 집단에 대한 효과만 주목하게 되면 규제가 초래하는 사회 전체 영향을 간과하는 오류를 범할 수 있다. 종종 당초에 생각했던 규제의 효과보다 사회 전체에 미치는 부정적 효과가 더 압도적일 수도 있다. 이러한 규제 효과의 복잡성은 규제를 설계할 때 사회의 각 부분이 유기체처럼 연결돼 있다는 사실을 고려할 필요가 있다는 것을 의미한다. 이런 관점에서 보면, 규제 설계는 한없이 조심스럽고, 세심한 점검 프로세스를 거쳐야 한다.

규제가 미치는 영향은 잔잔한 호수에 돌을 하나 던지는 것과 같다. 돌멩이가 들어간 지점에서부터 한참 동안 동심원이 멀리 멀리 호수 전체로 퍼져 나간다. 당연히 작은 돌멩이 하나가 호수 전체에 영향을 미친다. 규제도 마찬가지다. 규제로 인해 예기치 못한 혜택을 보는 집단, 예기치 못한 불이익을 보는 집단이 존재할 수 있다. 그리고 이들이 규제에 대응하는 방식은 각기 다를 수밖에 없다.

규제를 단선적인 인과성의 논리에 따라 설계하게 되면, 이런 복잡성의 논리를 간과한 결과, 규제 설계 당시에는 전혀 생각하지 못했던 규제 효과가 유발될 수 있다. "프랜차이즈 입점 규제로 프랜차이즈 신규 진입을 감소시켜, 프랜차이즈 업계의 어려움을 해결해 주겠다"는 단순한 논리가 현실의 규제에선 작동하지 않은 것이다. 이런 규제는 이미 영업을 하고 있는 프랜차이즈 업자는 보호할 수 있겠지만 프랜차이즈업에 새로 진입하려는 사람들에게는 사업 기회의 봉쇄를 의미하는 것이기 때문이다.

규제가 초래할 비용에 대한 과소 평가

모든 규제에는 규제를 통해 실현하려는 목적이 있다. 그리고 이런 목적은 그 자체로만 보면 사회의 어떤 문제를 해결하려는 것으로 그 타당성을 부정하기 어려운 경우가 많다. 지역균형 발전을 위한 각종 지역 제한 규제, 재래시장과 대형마트의 상생을 위한 유통시장 규제, 중소기업을 보호하기 위한 대기업 판로 규제 등이 대표적이다. 목적만으로 보면 모두가 매력적이다. 그래서 대부분의 국가가 유사한 규제정책을 실행하고 있다.

그러나 어떤 규제이든 규제로 인한 비용을 부담하는 집단은 따로 존재한다. 그리고 이런 규제로 인한 비용 부담은 헌법 제23조 제2항에 명시된, "정부는 공공복리 등을 위해 국민의 재산권을 제한할 수 있다."는 등의 근거에 따라 법률에 규제의 근거를 만들어 놓는다. 법으로 강제하고 있기 때문에 규제비용을 부담해야 하는 집단은 그에 순응할 수밖에 없다. 규제를 위반하면 과태료, 행정벌 등 벌칙을 감수해야 하기 때문이다.

민식이법의 초고속 입법

민식이법은 2019년 9월 11일 충청남도 아산시 온양중학교 앞 어린이 보호구역 내 횡단보도에서 김민식 군의 사망사고 이후 급속히 도입됐다. 사고 발생 한 달(30일) 후, 2019년 10월 11일 국회에서는 도로교통법 일부개정법률안, 특정범죄 가중처벌 등에 관한 법률 일부개정안이 발의됐다. 이후 이 법률안은 발의된 지 두 달 만인 2019년 12월 10일 국회에서 통과됐다. 그리고 2020년 3월 25일 전면 시행됐다. 전 국민의 운전에 영향을 미칠 법안이 사고가 난 지 불과 6개월 15일, 법안이 제출된 지 5개월 15일 만에 도입된 것이다.

이 규제는 시행 후 논란이 크다. 어린이가 없는 주말과 심야에도 스쿨존에서 시속 30km를 적용하다 보니 국민들의 불편이 크고, 다른 한편, 갑자기 속도를 줄이는 과정에서 자동차들 사이에서의 사고가 증가하고 있기도 하다.

그럼에도 불구하고 국회는 이 법률에 대한 규제영향분석, 즉 사회적 비용과 사회적 편익을 분석하지 않았다. 어린이 교통사고 보호라는 규제 목적은 모두가 동의하는 것이겠지만 이를 도입해서 사회에 어떤 영향을 미칠지, 사회적 비용이 오히려 더 클 수도 있지 않을지, 등에 대한 분석을 통해, 좀 더 타당한 규제를 설계하는 것은 정부의 당연한 의무다.

규제가 초래하는 비용을 고려한다면, 규제를 설계할 때 그 규제가 유발하는 사회 전체의 총편익이 사회 전체의 총부담보다 크도록 설계해야 한다. 특정 집단에게 감당할 수 없는 수준의 지나치게 높은 부담을 부과하는 것은 아닌지도 확인해야 한다.

한편 사회적으로 이슈가 되는 큰 사고가 발생하면 규제의 목적에 비해 과도한 비용을 유발하는 규제가 도입되는 경우가 많다. 사회적 관심을 끄는 대형사고가 발생할 때마다, 그런 사고를 방지하기 위해 기존 규제를 강화하거나 새로운 강력한 규제를 도입해야 한다는 여론이 들끓기 때문이다. 차분하게 규제의 편익과 비용을 분석할 시간도 없이, 매우 빠른 속도로 규제가 도입된다. 이런 규제가 도입되면, 규제로 인한 사회적 부담은 증폭된다. 실행 이후 이러한 부작용이 나타나 규제를 개선해야 한다고 생각하는 사람들이 있더라도 이러한 소신을 외부적으로 공표하기 쉽지 않다. '신성한(sacred)' 규제의 목적을 훼손한다는 비난을 피할 수 없기 때문이다. '나쁜' 규제를 바꾸는 일은 이처럼 쉽지 않은 일이다.

> 정책 목적에 신성한 것은 있어도, 정책의 실제에서 신성한 것은 없다. 이는 규제도 마찬가지다. 어떤 규제이든 규제로 혜택을 보는 집단과 반대로 비용을 부담해야 하는 집단이 있기 때문이다. 수혜집단은 '신성함'을 고집할 수 있지만, 피해집단에게는 지옥이다.

피해자와 수혜자 대상 2분법적 프레임에 갇힌 사고

규제는 사회에 영향을 미치는 정부의 민간에 대한 개입으로서 어떤 규제를 도입하더라도, 규제로 인해 편익을 얻는 집단과 비용을 부담하는 집단이 생길 수밖에 없다. 이 때문에 규제는 사회적 자원 배분 상태를 재배치하는 효과를 야기한다.

이 경우 정부는 규제가 초래하는 사회적 편익과 사회적 비용을 분석해서, 이 둘의 차이인 사회적 순편익이 '0'보다 커야 규제가 타당한 것으로 판단한다. 사회적 비용, 사회적 편익을 유발할 수밖에 없는 규제의 특성상, 최소한 규제의 타당성을 인정하기 위해서는 규제의 사회적 부담에 비해 규제가 초래하는 사회적 혜택이 더 크다는 것을 입증해야 한다는 말이다. 이는 규제의 타당성을 점검하는 가장 기본적인 판단 지점이며, 규제영향분석에서 비용편익분석을 채택하고 있는 것도 이 때문이다.

그러나, 규제를 손해를 보는 입장과 혜택을 보는 입장으로만 접근하게 되면, 규제로 인한 사회적 자원의 재배치, 그리고 이로 인한 이해당사자 간의 갈등만을 부각하는 결과를 초래할 수 있다. 그리고 이런 갈등에 집중하다 보면 규제의 또 다른, 더 중요한 속성인 제도(institution)로서의 성격을 간과하게 된다.

> 제도는 '게임의 규칙(rule of game)'을 뜻한다. 규제는 정부가 정한 대표적인 제도로, 사람들은 규제를 기준으로 다양한 의사결정을 하게 된다. 이것은 규제의 내용에 따라 사람들의 의사결정의 양태가 달라질 수 있다는 것을 의미한다.

규제를 제도로 접근하게 되면, 정부가 만든 규제가 사람들의 의사결정과 행위를 변화시키고, 혹은 변화시킬 가능성이 있다는 사실에 주목하게 된다. 즉, 규제가 사람들의 합리적인 행위를 오히려 왜곡시키지는 않는지, 규제가 사람들의 비합리적인 행위를 합리적으로 변화시키는지에 관심을 가지게 되는 것이다.

> **휴가철, 전기차 충전 '바글바글' 전쟁터…**
>
> 성수기 전기차 운용은 힘들다. 차량의 문제가 아니다. 실험을 도운 전기차는 BMW i4 e드라이브40(이하 i4)로, 1회 충전 시 주행거리는 429㎞, 급속충전(200㎾) 시 10분 만에 주행거리 164㎞를 확보할 수 있다. 서울~부산은 한 번에 못 가더라도 400㎞를 넘는 준수한 주행거리에 빠른 충전 속도도 갖췄다.
> 성수기 충전 수요를 공급이 따라가지 못한다. 도로 위 전기차가 많지 않음에도 적절한 위치의 충전소를 제때 찾기가 힘들다. '서울-원주-군위-서울' 2박3일 여행의 주행거리는 총 580.9㎞를 기록했다. i4의 주행거리를 웃도는 여정에서 충전은 2회만 해도 충분했지만, 정작 충전이 어려웠다.
> 충전소에서 급속충전(100㎾)의 경우 충전 소요 시간이 45분으로 예상됐지만 실제로는 충전 속도가 40~60㎾를 기록하면서 1시간으로 늘었다. 충전 업체들은 초급속(350㎾)·급속충전기 여러 대를 설치해 놓고 총량을 1,000㎾로 제한한다. 차량이 몇 대 없을 때는 문제가 안 되지만 차량이 늘어날 경우 각 충전기마다 실제 충전 속도를 낮춰 1,000㎾ 선을 맞춘다.
> 현행법에 따라 전기차 충전소 용량이 1,000㎾를 넘길 경우 설비 소유·점유자는 전기안전관리자를 직접 선임하고 상주시켜야 하기 때문이다. 그러나 업주들은 전기안전관리자 채용과 배치에 따른 비용 부담을 피하기 위해 이 같은 편법을 쓰고 있다. 수요가 몰리는 시간대나 성수기처럼 폭등하는 시기에는 충전 속도가 더욱 늦춰지는 셈이다.
>
> 출처: 머니투데이(2022.8.6.).

제도로서의 규제를 이해할 필요성은 매우 높다. 규제가 사람들의 행위를 비합리적인 방향으로 유도하게 될 경우, 그 규제로 인한 수혜자와 비용부담자라는 프레임과는 별도로, 규제가 의도한 성과를 도출하지도 못할뿐더러, 오히려 사회의 효율성과 합리성, 생산성을 저해할 수도 있기 때문이다.

위의 전기자동차 충전소 전기안전관리자 선임 의무 규제 사례에서 보듯이 규제에 포함된 제도적 속성을 이해하면 정부가 규제를 도입할 때, 사람들은 어떤 행태를 보이게 될지, 규제에 순응할지, 규제를 회피할지, 그 결과 규제의 효과는 달성할 수 있을지 등과 같은 규제의 실효적 측면에 관심을 가지게 될 수 있다. 물론 위의 전기자동차 충전소 사례에서 전기자동차 충전소에 안전관리자를 선임할 필요가 없다는 결론을 성급히 내려서는 안 된다. 충전소에서 발생 가능한 폭발 등 안전사고 예방을 고려한 조치일 수 있기 때문이다. 규제설계자가 관심을 가져야 할 것은, 이렇게 규제를 설계할 경우, 피규제자가 보일, 규제 대상 적응행위를 예상하고, 이를 어떻게 고려해야 할지를 고민하는 것이다.

규제의 실효성에 관심을 갖고 생각해 보면 규제가 필요하다는 점이 인정된다 하더라도, 규제가 목적한 성과를 반드시 달성할 것이라고 가정할 수 없다는 사실을 깨닫게 된다. 수혜자와 피해자를 구분하고, 확인하는 것에 더해 이들이 규제, 즉 제도에 어떤 방식으로 적응하고 반응할지 예측, 검증함으로써 규제의 실효성을 확보할 수 있는 최적 규제를 설계할 수 있어야 한다.

규제개혁 제대로 이해하기

규제와 규제개혁은 가설일 뿐이다

　규제이든, 규제개혁이든 정부정책은 모두 동일한 논리에 근거한다. "…하면, …한다"가 그것이다. 산업단지 입주 업체를 제한하면, 산업단지 집적 기능을 제고할 수 있다. 신호등 규제를 도입하면, 교통안전을 제고할 수 있다. 즉, 규제는 어떤 사회문제를 해결하기 위한 정책 수단으로 도입되는 것이다. 규제개혁도 마찬가지다. "대형마트 영업 시간 제한을 철폐하면, 소비자의 편의성이 올라갈 것이다", "산업단지 내 입지 제한을 개선하면, 더 많은 융합 업종이 지원을 받을 것이다"가 그것이다.

　"…하면, …한다"는 전형적인 가설의 형식이다. 가설은 어떤 사회 현상을 설명하기 위한 '잠정적'인 답을 정하는 것이다. 어디까지나 '잠정적'이기 때문에 그 타당성을 보장하기 위해서는 입증이 필요하다. 실험이나 분석을 통해 가설이 타당하다고 인정되면, 우리는 가설에서의 명제를 수용하게 된다. 물론 타당성을 입증하지 못하면 그 가설은 수정하거나 폐기해야 한다. 가설은 완전한 것이 아니고, 오류가능성, 즉 틀릴 가능성이 있는 것이다.

　규제나 규제개혁도 마찬가지다. 정부가 규제나 규제개혁으로 원래 의도한 목적을 달성하는지, 그렇지 못하는지는 사후적으로 면밀히 관찰하고 분석해야 할 부분이다. 규제나 규제개혁이 원래 목적 달성에 기여했다면 타당하겠지만, 그렇지 못한 경우에는 수정이나 폐기를 고려해야 한다. 규제도 오류가능성이 있기 때문이다.

가설의 또 다른 특징은 잠정성이라는 것이다. 이것은 어떤 한 시점에 타당하다고 입증된 가설이라 하더라도 항상 타당할 수는 없음을 인지하는 것이다. 규제가 실현하고자 하는 목적이 시간이 지나면서 여러 가지 상황의 변화로 더 이상 달성하기 어렵게 될 수도 있고, 규제 대상의 수가 너무 많아져서 규제 부담이 증가할 수도 있다. 산업 규제의 경우, 원자재 가격의 변화나 환율의 변화, 대외 지표의 변화에 민감하게 영향을 받기도 한다. 즉, 가설로서의 규제가 타당한 것도 어느 한 시점에서만 인정되는 논리일 가능성이 높다.

이런 규제 타당성의 잠정성은 어떤 규제라도 도입 이후에 일정 시점이 지나면 그 타당성이 유효한지를 점검해서, 애초에 정한 가설, 즉 "…하면,…한다"라는 논리가 작동하고 있는지를 점검해야 한다는 것을 의미한다.

위험은 꾸준한 관리 대상이다

규제에서 위험은 정확한 개념 정의가 필요한 대상이다. 위험은 안전과 생명을 위협하는 것으로 이해되며, 이로 인해 위험을 최소화하는 것이 정부의 역할인 것으로 이해되기도 한다. 그러나 위험은 사회에서 영(0)으로 만들 수도 없으며, 위험을 줄이기 위한 정부의 규제가 오히려 다른 위험을 더 키우거나, 위험을 줄이지는 못한 채 위험 규제로 인한 사회적 부담만 가중시킬 수도 있다.

이와 관련 영국은 2021년 브렉시트(Brexit) 발효 이후, 영국의 규제 체계 개편을 제안하면서 비례성의 원칙에 입각한 규제관리를 강조했다. 비례성의 핵심 내용 중 하나로 제시한 것이 바로 위험 수준에 비례한 규제 설계와 집행이다. 위험에 대응한다며, 과도한 사전 예방적 규제를 설계하게 되면, 규제로 인한 위험 감소의 편익보다, 사회의 각종 영역에서 부담해야 할 비용이 과도하게 커진다는 것이다.

위험(risk)은 무언가 잘못될 확률(probability)과, 만약 잘못됐을 때 발생할 수 있는 부정적인 결과(magnitude)로 세분화할 수 있다. 만일 발생 확률이 낮다면 위험은 낮아진다. 설령 발생 확률이 높더라도 부정적인 결과가 감당할 만하다면 역시 위험은 낮아진다. 위험이 큼에도 관리를 소홀히 한다면 자칫 큰 위기에 직면할 수 있다. 반대로 실제 위험은 작지만 과민하게 반응한다면 과다한 비용이 발생할 수 있다. 때로는 그 비용을 사회가 감당할 수 있다 하더라도 혁신의 기회를 봉쇄함으로써 국가경쟁력을 심각하게 저하시킬 수도 있다.

그래서 위험관리에는 자연과학만 필요한 것은 아니다. 교통사고율, 범죄율과 같은 정책 통계가 매우 중요하다. 경제 상황을 관리하기 위해 중앙은행이 금리를 결정할 때 다양한 경제 통계를 활용하듯 위험관리 시각에서 규제를 결정하려면 관련 통계를 사전에 확보하고 있어야 한다.

소금은 우리 몸에 꼭 필요하다. 그렇다고 소금이 안전한 것만은 아니다. 소금의 치사량은 3g/kg으로 체중이 60kg인 성인이 180g의 소금을 한꺼번에 먹으면 몸에 심각한 상황이 발생할 수 있다. 같은 제품, 같은 요소라도 위험의 발생 확률과 양적 수준을 잘 따져 봐야 하는 이유다. 규제도 마찬가지다. 우리 경제가 건강하게 발전하기 위해서 규제는 꼭 필요하다. 하지만 과도하면 우리 경제에 치명타를 가할 수 있다.

그런데 확률에 기반한 위험관리가 합리적이라는 사실과 우리나라의 규

OECD의 위험관리 방식

OECD에서는 위험의 정도에 따라 수용가능성의 단계를 구분하고, 정부의 책임 수준과 그런 위험에 대한 대응의 내용을 구체적으로 제시하고 있다. 즉, 위험은 늘 사회에 존재하며, 그런 위험의 특성을 고려해 위험의 수준별로 수용할 것, 대응할 것을 구분하고, 그에 따라 정부의 규제도 적절하고 비례적으로 이뤄져야 함을 의미한다.

위험 등급 및 점수	위험 내성	책임의 수준	위험 대응
극도로 높음 (16~20)	용인할 수 없는	고위 지도부	상세한 위험 대응 계획과 함께 고위 지도부와 관련 이해관계자에게 즉시 보고한다. 기존 조치의 강화와 새로운 조치의 추가를 포함할 수 있도록 통제를 조정한다. 위험과 통제를 지속적으로 모니터링한다.
높음 (11~15)	용인할 수 없는	프로그램 또는 팀장	상세한 위험 대응 계획과 함께 감독관과 이해관계자에게 즉시 보고한다. 소프트 및 하드 컨트롤을 모두 고려할 때 추가적인 통제 활동이 필요할 수 있다. 정기적으로 위험과 통제를 모니터링한다.
보통 (6~10)	용인되는	프로그램 또는 팀장	감독관에게 즉시 상세한 대응 계획을 보고한다. 위험 환경의 점수와 동향에 따라 통제력을 증가, 유지 또는 감소시킨다. 위험과 통제를 정기적으로 모니터링한다.
낮음 (1~5)	용인되는	프로그램/프로젝트 담당자	즉각적인 조치가 필요하지 않다. 너무 엄격하고 따라서 비례 위험이 아닌 것으로 간주되는 경우 통제를 줄인다. 위험과 통제를 주기적으로 모니터링한다.

출처 : https://www.oecd-ilibrary.org/sites/ebbed075-en/index.html?itemId=/content/component/ebbed075-en

제 현실은 다르다. 위험을 예측하기 어려운 경우도 있지만 사람들의 정서나 주관적 판단으로 인해 무조건 위험을 회피하려는 경향이 강하기 때문이다. 정치적으로 위험 회피, 제로 위험은 매우 효과적인 전략이기도 하다. 굳이 유권자에게 복잡하게 설명할 필요가 없다. 아예 위험할 일을 금지해서 안전한 사회를 만들겠다고 쉽게 제안할 수 있다. 이런 규제는 위험에 불안을 느끼는 국민들의 지지 속에 쉽게 도입된다. 그러나 실제로는 작동하지 않을 가능성도 높다. 인정하긴 싫지만 위험이 없는 세상은 없기 때문이다.

위험에 대한 합리적 판단을 위해서는 객관적 데이터에 기반한 평가가 중요하다. 위험물질의 경우 실험동물의 50%가 죽는 치사량(LD50)을 측정하는 등 다양한 기법이 개발돼 있다. 그렇다고 모든 국가가 이런 기법을 활용할 수 있는 것은 아니다. 이를 실천할 수 있는 전문인력을 포함한 인프라가 필요하다. 우리나라는 선진국 위상에 걸맞게 높은 수준이기는 하지만 미국, 유럽 등 경쟁국과 비교하면 인프라가 부족한 것도 사실이다.

규제개혁 대상에 예외는 없다

규제는 정부가 사회문제 해결을 위해 설계·적용하는 것이다. 규제 설계의 주체도 정부이고 규제 집행의 주체도 정부다. 따라서 불합리한 규제, 사회적 비용이 사회적 편익에 비해 과도한 규제, 민간에 비정상적인 인센티브를 유발해 시장이 정상적인 기능을 작동하지 못하게 하는 규제가 있다면 이를 시정해야 할 책임도 정부에 있다.

현실에서는 일반적으로 규제라 생각하지 않는데 실제는 규제인 것도 있다. 주무부처의 '허가'를 받지 못하면 비영리법인을 설립할 수 없도록 하는 것이 대표적인 예다. 각 주무관청에서 비영리법인 관련 업무는 신참에게 맡기고, 담당자도 자주 바뀌어 일관성이 없다는 지적이 적지 않다. 그럼에도 이러한 규제는 행정 규제개선의 항목에서 늘 제외되는 경향이 있다. 정부는 이런 부분 중 법규를 고치지 않고도 개선할 수 있는 부분은 적극행정의 영역으로 관리하고 있다.

> 정부가 법령에 표시해 놓은 '규(規)'자 붙은 규제만 규제가 아니다. 규제가 아닌 것 같으나 규제인 것들도 많다. 정부가 각종 진흥법과 발전법을 통해서 특정한 자격을 갖춘 사업자에게 재정을 지원할 때, 이것은 부(富)의 이전을 가져오는 규제임에도 불구하고 규제라고 생각하지 않는다. 이 경우 반드시 따라 붙는 게 인증(벤처기업 인증 등)을 자격 조건으로 내세우는 것인데, 이는 인증받지 못한 사업자들을 실질적으로 배제하는 효과를 낳는다.
> 가장 큰 오해는 안전과 위생, 보건에 대한 사항은 규제가 아니라고 생각하는 것이다. 코로나 사태 때 공중보건 위기를 이유로 음식점 영업 제한을 했다. 이것을 규제가 아니라고 생각한다면 규제를 잘못 이해하는 것이다. 규제는 목적으로 판단하는 것이 아니고 사회적 효과, 즉 규제가 개인과 기업에 미치는 제약이라는 측면에서 파악해야 하기 때문이다.
> 이런 관점에서 정부의 정책 중 '정부'가 '민간(개인이나 기업 등)'에 대해 '행위나 의사결정에 대한 제약을 강제하면' 그것의 합리성 여부와는 무관하게 규제로 판단해야 한다.

한편 정부는 불합리한 규제를 수정·보완, 경우에 따라 폐기해야 할 의무가 있다. 그리고 이런 규제에는 예외가 없다. 생명과 안전의 보장과 같이 목적이 아무리 신성한 규제라 하더라도 목적은 달성하지 못하고 민간에 부담만 야기하는 규제라면, 당연히 개선해야 한다. 더 나은 규제 방식을 찾아 현재의 규제를 개선해야 한다. 우리나라 「행정규제기본법」이 규제의 존속 기한을 명시해 규제를 주기적으로 재검토하도록 하는 일몰의 근거를 마련하고 있고 있는 것도 이 때문이다.

정부는 규제개혁에 투입되는 인적·물적 자원의 한계 등으로 인해 규제 중에서 특정한 범위를 정해서 집중 관리할 수 있다. 그러나 이 경우에도 규제의 목적을 기준으로 구분해서는 안 된다. 예를 들어, 생명과 안전을 위한 규제라는 이유로 규제개혁 대상에서 제외해서는 안 된다. 다만 필요한 경우, 규제가 사회에 미치는 영향 정도를 기준으로, 상대적으로 사회적 영향력이 높은 규제의 경우, 좀 더 심층적으로 분석하고, 신중하게 심사하며, 상대적으로 사회적 영향 정도가 낮은 규제의 경우, 간소화 방식을 적용할 수는 있을 것이다.

규제개혁이
표류하는 이유

규제와 이해관계

규제는 사회의 자원 배분에 변화를 가져온다. 그것이 효율적이든지 그렇지 않든지 간에 규제는 하나의 이해관계의 구조를 형성한다. 어떤 이는 규제에 적응해 이미 사업을 운영하고 있고, 어떤 이는 규제가 제시한 기준에 맞춰 새로이 시장에 진입하고자 노력하고 있으며, 또 어떤 이는 기존 사업자와 충돌하지 않는, 규제의 영향이 미치지 않는 새로운 시장을 개척하는 방법을 궁리하고 있는 그런 세상의 한가운데에 규제가 있다. 냉혹한 현실 시장에서 새로운 규제의 도입이나 규제의 변동은 복잡하고도 즉각적인 이해관계의 변화를 야기한다.

이처럼 현실 세계에서 규제가 직접적으로 혹은 간접적으로 개별 시장 행위자의 이해관계 변동을 야기하는 경우는 생각보다 많다. 정보통신기술의 발달에 따라 새롭게 시장에 진출하려는 첨단기술 도입의 현장에서는 이런 일이 더욱 빈번하게 관찰된다. 원격의료 도입, 정보통신기기에 건강 상태 확인 및 의료진 통보와 같은 서비스의 탑재, 인공지능 법무 서비스 등등 기존 규제로는 혁신적인 시장의 변화를 감당하기 어려운 경우가 많다.

또한 특정 산업의 관리를 위해 규제를 엄격하게 설계하고, 실제로는 집행하지 못하는 경우에 나타나는 선별적 관리감독이나 처벌의 불공정성 등은 의도한 규제 효과를 달성하지도 못하면서 정부와 규제 집행에 대한 신뢰를 상실시키고, 피규제자의 규제 불응으로 인한 사회적 갈등만 증폭시키게 된다. 이런 상황이라면 정부와 그 규제를 담당하는 관료들은 그 책임에서 자유롭지 못하다.

규제 집행과 의도하지 않은 결과

어떤 규제가 원래 의도한 결과를 창출할까? 정책 현장에서 규제를 만들 때에는 여러 가지 요소가 고려된다. 어떤 경우에는 정치적 합리성에 근거하기도 하고, 어떤 경우에는 경제적 합리성에 근거하기도 한다. 또 어떤 경우에는 규제를 통해 국가의 성장을 꿈꾸고, 다른 경우에는 규제를 통해 사회적 포용을 꿈꾸기도 한다.

이런 모든 고려 요인 중에서 현실 규제에 가장 많이 반영되고 있는 것을 꼽으라면 '규범의 실현'이다. 사고가 발생한 후 안전을 확보하기 위한 규제를 만들어야 한다는 주장, 금융사기 사건이 터진 후에 금융 소비자를 보호하기 위한 규제를 도입해야 한다는 주장, 현 세대의 건강한 삶과 다음 세대의 번영을 위해 환경을 보호해야 한다는 주장, 열악한 환경에서 일하는 노동자를 보호해야 한다는 주장 등등 누가 감히 이런 당연한 주장에 반대할 수 있는가?

그런데 이런 주장들이 흔히 간과하는 것이 있다.

첫째로는 규제 하나로 의도한 목표를 달성할 수 있는 경우는 드물다는 사실이다. 화학물질 사고가 발생했을 경우, 화학물질의 생산, 수입, 유통, 사용을 규제하는 것으로 재발을 방지할 수 있다고 믿는가? 만약 그렇다면 그 규제와 관계된 행위자들의 복잡한 이해관계에 얽힌 상호 작용을 너무 단순하게 보고 있는 것이다. 누군가는 규제로 인해 이익을 누리겠지만 누군가는 규제로 인해 손해를 보게 되는 경우가 대부분이고, 이때 손해를 보는 집단은 규제에 순응하기보다는 전혀 예상치 못한 방식으로 규제의 집행을 왜곡시킬 가능성이 더 크다.

이것이 소득 분배, 지역 균형 발전, 중소기업 보호 등 규범적이고 이상적이며 좋은 의도로 시행되는 규제가 실제로는 문제 해결에 성공하지 못하고 있는 경우가 많은 이유다.

두 번째는 문제를 확실히 해결하려다 보면 피규제자가 준수 가능한 수준을 넘어서는 규제 기준을 설정하는 경우가 발생한다. 그런데 이것은 처음부터 규제 실패를 내정하는 것과 같다. 안전을 확보하기 위해 어떤 제품에 현존하는 최고의 기술을 적용할 것을 요구한다면, 그 기술 적용에 필요한 비용이 해당 제품에 반영돼 소비자 가격이 매우 높아지고, 그 결과 제품 소비가 줄어들어 오히려 안전하지 않은 제품의 소비가 더 늘어나는 의도하지 않은 결과가 나타날 공산이 크다. 이런 현상은 안전뿐만 아니라 특정 사업자를 보호하려는 규제, 취약계층을 지원하려는 규제 등에서도 광범위하게 나타난다.

세 번째는 사회문제를 해결하겠다며 과감하게 도입되는 규제의 경우, 그 과정에서 반론을 제기하기란 쉽지 않다. 반론을 제기하면 그런 사회문제를 그대로 둬도 괜찮다고 주장하는 것처럼 공격받을 수 있기 때문이다. 그런데 규제는 규제의 필요성뿐 아니라, 규제 설계의 타당성, 규제 집행의 현실성, 규제 효과의 기대가능성 등 여러 가지 측면을 살펴서 최선의 대안을 마련해 도입해야 한다. 이런 것을 고려하지 않고, 필요하다며 덜컥 도입한 규제는 곧 무수한 불합리와 부작용에 직면하게 된다. 그래서 만약 정부가 모두가 동의한 규제이니(사실은 반론을 하지 못했을 뿐이지만) 이것을 만들어 집행하면 모두가 순응할 것으로 생각하는 것은 순진무구할 뿐만 아니라 무책임하기까지 한 일이다.

한편, 아무리 합리적이고 분석적인 방법을 활용한다고 하더라도 피규제자들이 규제에 어떻게 대응할 것인지를 예측하는 것은 어려운 일이다. 그러나 이를 파악하기 위한 최소한의 노력도 없이 규제를 만들면 그 규제는 의도하지 않은 결과를 양산하게 된다. 이때부터 규제의 악순환이 나타난다. 정부가 원래 의도한 결과를 만들어 내기 위해 새로운 규제를 추가하거나, 규제를 더욱 강력히 집행하기 위해 공무원을 추가로 투입하는 것이다. 어떤 경우건 정부조직의 비대화는 피할 수 없다.

규제를 설계할 때, 그리고 규제 집행을 설계할 때, 시장에서 문제를 해결할 수 있는지를 먼저 고민해야 하는 이유가 바로 여기에 있다. 규제이론의 관점에서 규제 도입 및 규제 집행과 관련된 대안을 검토하는 기준은 명

약관화하다. 그것은 한 사회의 총비용 대비 총효과, 즉 사회 전체의 효율성이다. 규범 논쟁에서 비롯된 많은 규제는 한 사회가 나가야 할 방향을 제시한다는 측면에서 사회에 긍정적으로 기여한다. 그러나 사회의 규제 수용 역량이나 피규제자의 행동 유인을 제대로 반영하지 못하면 사회 전체의 효율성을 오히려 떨어뜨리는 의도하지 않은 결과를 양산하게 된다.

이런 이유로 규제를 만들고 규제를 집행할 때에는 직접적인 개입보다는 피규제자들이 스스로 규제를 준수하도록 적절한 유인을 제공함으로써 규제가 제도로서 기능하도록 설계하는 것이 중요하다.

규제개혁과 갈등관리

규제 현장은 다수의 복잡한 이해관계가 균형을 이루고 있는 곳이다. 규제를 공급하는 정부는 정부대로, 규제에 순응해야 하는 피규제자는 피규제자대로 복잡하게 얽힌 셈법이 작동하는 곳이다. 규제개혁은 이 복잡하게 얽힌 이해관계를 흔드는 일이다.

그런 이유로 규제개혁은 때로는 특정 집단의 이익을 위해 제도를 바꾸는 특혜라는 오해를 받기도 하고, 또 어떤 경우에는 정부가 사회적으로 바람직하다고 믿는 가치를 모든 국민에게 강제하고 희생을 강요하는 것으로 받아들여지기도 한다. 전자의 경우 이익 또는 이익구조가 규제개혁의 주된 쟁점이 되는 것이고, 후자의 경우에는 가치가 우선하는 쟁점이 되는 것이다.

규제개혁 현장에서 관찰되는 많은 갈등은 이 두 가지 핵심적인 요소를 기준으로 구분해 볼 수 있다. 누구든지 자신의 가치에 부합하고 자신의 이익을 증진하는 규제가 생긴다면 반대할 이유가 없다. 그와 반대로 자신의 가치와 이익에 부합하지 않는다면 찬성할 이유가 없다.

만약 가치에 부합하는데 이익을 축소시키는 규제가 생긴다면 피규제자는 어떻게 반응할 것인가? 그와 반대로 가치에 어긋나는데 이익을 증진한다면? 이 두 질문에 답하기 위해서는 가치의 성격과 이익의 내용을 살펴봐야 한다.

규제 현장에서는 규제에 순응하는 가운데, 즉 주어진 법규의 범주 안에서 비즈니스를 개척한 신산업조차도 산업 내 기존 이익집단과의 갈등으로 어려움을 겪고, 그 갈등이 정치적 이슈로 확대되면 해당 규제의 본질이나 피규제자 당사자의 재산권 보호에 대한 고려 없이 문제가 전혀 엉뚱한 방향으로 흘러가는 경우가 많다.

'타다' 사례로부터의 교훈

우리가 익히 알고 있는 '타다'는 2018년 시장에 진출한 새로운 형태의 대중교통 서비스다. '타다' 서비스는 출시 1년 만에 100만 명이 넘는 가입자를 확보하고 1,000대가 넘는 차량, 소비자의 재이용률이 89%에 이르는 등 소비자들로부터 호평을 받았다. 타다는 시작부터 택시 서비스를 혁신했다. 넉넉하고 청결한 대형 차량 배치, 차량 운행자에게 목적지를 송부하지 않고 강제 배차해 승차 거부 없는 서비스 제공, 입력된 목적지에 대한 예상 비용 사전 통보, 충분한 교육을 받은 운전원의 배치 등이다. 바로 택시 이용자들이 오랫동안 기다리고 기다리던 서비스 혁신을 이룬 것이다. 또한 운전원에 대해서는 고정급을 보장해 수입 증대를 위한 난폭 운전이나 과속 운전의 가능성을 없앴다.

타다 서비스와 관련된 규제는 여객자동차 운수사업법이다. 이 법의 제4조는 여객자동차 운수사업 면허에 관해 규정하고 있고, 제28조와 제35조는 자동차 대여 사업에 관해 규정하고 있다. '타다' 사례와 관련해 중요한 규제는 이 법의 제34조, 유상운송 금지 규정이다.

이 규제에 따르면, 영업용 운수업(예: 택시)을 영위하기 위해서는 지방자치단체장의 허가가 필수이고, 대여 차량(예: 렌트카)을 다시 대여하는 등의 영업행위를 할 수 없다. 이와 같은 규제를 이론적 관점에서 보면 전통적인 운수사업 유형인 택시의 영업권을 보장하는 재산권 획정 규정으로 볼 수 있다.

'타다'는 이 법규가 보장하고자 하는 기존 택시업체의 영업권을 침해하지 않는 새로운 합법적 사업 영역을 개척하고자 했다. 먼저 '타다'의 영업은 11인승 승합차를 임대하는 것으로서 이 법 시행규칙 제67조의 3호를 준수했고, 임대한 차량에 대해 운전원을 알선한 것은 이 법 제34조의 제2항 제1호 바목을 준수하는 것이다.

그럼에도 불구하고 '타다'가 큰 이슈가 된 것은 기존 택시 서비스의 대체 시장을 창출했기 때문이다. 새로운 서비스를 기존 택시 고객들에게 제공함으로써 택시업체들이 고객 감소라는 위협에 노출된 것이다.

규제를 담당하는 부처는 타다 서비스를 금지하는 형태로 규제를 바꾸거나 아니면 기존 택시 사업자들과의 공존 방안을 제시해야 했다. 전자의 경우 소비자 편익의 상실, 혁신에 의한 새로운 사업의 시장 출현 가능성을 막는 반시장적 역주행이라는 비판에 직면하게 되고, 후자의 경우 기존 사업자들의 극렬한 반대에 부딪칠 것이 뻔했다.

이처럼 규제를 준수한 새로운 서비스나 산업의 출현조차도 기존 사업자의 업역이나 이해관계에 영향을 미치면 강한 저항과 갈등을 겪게 된다.

우리나라 규제개혁 과정 역시 마찬가지였다. 간혹 목소리가 큰 소수의 피해집단이 규제개혁을 좌절시키기도 했고, 규제에 관한 토론이나 공청회

자리가 이데올로기나 규범 중심의 강한 자기 주장이 충돌하는 장으로 변질되기도 했다.

이제는 규제의 도입에 따른 비용과 그 효과를 좀 더 과학적으로 설명하고 관련 이해관계자의 의견을 듣고 반영할 수 있는 체계화된 절차와 협의 규칙이 필요한 시점이다. 마치 스포츠 선수가 규칙에 따라 게임하고 결과에 승복하듯이 규제 갈등의 조정은 확고하게 합의된 갈등 조정의 원칙과 절차를 만드는 것부터 시작해야 한다.

마치며:
좋은 규제는 시민의 권리다

더 나은 규제와 함께 지내는 것을 싫어할 사람은 없다. 여행을 다니다 깨끗하고 정돈된 거리를 봤을 때, '우리 동네도 이랬으면 참 좋겠다'고 느껴 본 경험은 누구나 있을 것이다. 규제도 마찬가지다. 외국보다 나은 규제, 옆 동네 지방자치단체보다 더 나은 규제와 같이 사는 사람들은 그만큼 더 행복하다. 관공서에 들를 때마다 느끼는 복잡한 행정과 규정 때문에 생기는 짜증도 덜하고, 창업이든 사업이든 해보려는 일마다 딴죽을 거는 정부 규제도 더 적다. 마음대로 자유롭게 할 수 있으니 좋은 아이디어가 생각나면 금방금방 해 볼 수 있다. "가게를 차려 볼까", "쓸 만한 스마트폰 애플리케이션을 만들어 볼까", "서울에서 재미있는 사업을 해 볼까."

그러나 한국에서는 아쉽게도 이런저런 재미있는 발상의 끝에 언제나 규제가 있다. 너무 많아서일까. 정부 스스로 규제를 잘 고쳐 내는 경우는 없는 것 같다. 물론 정부는 매번 규제개혁을 외쳤다. 그래서 규제개혁은 시민들에게 어느덧 익숙한 '관청 용어'가 돼 버렸다. 제일 고약한 게 "늑대가 나타났다"는 우화의 현시다. 정부가 하도 규제개혁을 말하니 뭔가 하긴 하는 것 같은데 별로 변한 것은 여전히 없다. 불편하긴 마찬가지이고, 변화도 느리다. 그사이 사업을 성공시키려면 절실했던 황금 같은 기회는 지나가 버린다. 그래서 이제 사람들은 믿지 않는다. 정부가 규제개혁을 한다는 건, 늑대가 백 번은 나타났다는 흰소리로 느껴진다.

그러나 실망해선 안 된다. 그래서 더 규제개혁에 진심인 시민이 필요하다. 시민과 기업이 직접 규제의 감시자로 나서, '쓸데없다', '중복이다', '너무 복잡하다', '지나치게 비용이 든다' 싶으면 나서서 말해야 한다. 아니 행동해야 한다.

사실 규제개혁의 주체는 원래 정부가 아니고 시민이다. 우리나라 「행정규제기본법」 제17조는 "누구든지 기존 규제의 폐지 또는 개선을 요청할 수 있다."고 규정하고 있다. 시민들의 규제개선 청구권을 보장한 것이다. 물론 현실에서 일반시민들이나 기업들에게 규제개선 청구권은 낯설다. 공무원이라는 지존에게 대드는 느낌이 들어서일까? 실제로 기업들은 공직자를 상대로 규제 불만을 제기하는 것을 두려워한다. 한번 찍히면 언젠가는 다른 사안으로라도 보복을 당할 것을 두려워한다. 규제를 둘러싼 정부의 '갑질'이 무서운 것이다.

이런 이유로 기업과 시민은 규제개혁 노력에서 언제나 수동적이었다. 정부가 좌판을 깔면 그때만 아주 조심스럽게 우리의 문제를 이야기한다. 새 정부 출범 초기마다 정부 각 부처가 개선하거나 없앨 규제를 찾아 백방으로 노력할 때만 조금씩 자신의 애로를 털어놓는다. 수없이 고쳐야 할 규제가 즐비한 상황에서 언제까지 이런 식으로 규제를 개선할 것인가?

사실 정부에 민간의 어려움을 미리 살펴서 자발적으로 규제개선에 나설 것을 기대하는 것은 천수답에서 비가 오기를 기다리는 것과 마찬가지다. 규제가 관료들에게 조직과 인력, 예산을 보장해 주기 때문이다. 다른 말로 표현하면, 규제는 정부 관료들에게 피와 살과 같은 것이다. 제 살을 도려내, 제 피를 뽑아 규제를 개선해 달라는 것인데, 그럴 만큼 성인군자는 정부 내에 많지 않다. 이들이 나빠서라기보다는 당연한 세상 이치다.

저자들 같은 규제학자와 규제개혁 실무경험자들 사이에서 현재 우리나라 규제개혁 거버넌스를 가지고는 규제개혁에서 성과를 내기 어렵다는 의견이 지배적인 것은 바로 이 때문이다. 그래서 저자든은 이 책에서 말하고 싶었다. "좀 더 강력한 규제개혁 심장부를 만들어 보자고!!!" 그것은 바로 정부부처의 자발적인 규제개혁에 기대지 않고, 국민 경제와 사회에 불합리한 규제를 스스로 찾아 부처에게 개선을 압박할 수 있는 그런 강력한 조직을 필요로 한다고 말하는 것이다.

시민들이 규제의 논리를 잘 알고, 짚어야 할 원칙을 알고 있을 정도로 똑똑하다면 정부 각 부처가 아무리 조직 이기주의에 사로잡혀 있다 하더라도 시민들의 규제개선 요구를 마냥 무시할 수 없을 것이다. 이 책에서 소개한 좋은 규제의 13대 조건의 잣대를 들이대며, 규제가 무엇이 잘못됐는지 입증 자료와 함께 제시한다면 정부도 움직이지 않을 수 없을 것이다. 규제를 아예 하지 말라는 소리가 아닌 한, 정부가 만든 규제가 원천적으로 잘못 설계됐다는 시민들의 주장을 정부가 묵살하려면, 정부는 반대 논리를 정교하게 세워서 대응해야 할 것이기 때문이다.

규제개혁을 기피하는 정부 행태는 이렇게 규제개혁에 진심인 똑똑한 시민의 힘으로만 바꿀 수 있다. 좋은 규제의 13대 조건이면, 시민/기업의 사익과 정부조직의 사익 간의 대결의 장에 머물러온 규제개혁을 논리 대결, 과학 대결, 합리성의 대결로 업그레이드할 수도 있을 것이다.

물론 시민들의 각성도 필요하다. 엉터리 규제가 도입될 때는 거의 예외 없이 시민들의 군중심리가 그 배후에 있다. 사건 사고가 터지거나, 기업인들의 비리가 뉴스를 타면 규제를 빨리 만들라고 채근한다. 규제의 타당성이나 규제가 진정 필요한 사안인지를 검토할 시간도 주지 않는다. 시민들은 이러한 집단적 히스테리아가 결국은 자신을 옥죄는 결과를 초래함을 자각해야 한다.

규제개혁은 정부가 시민들에게 부여하는 혜택이 아니다. 자유 민주주의 시민으로서 마땅히 누려야 함에도 불구하고 규제로 인해 제약된 기본적 권리를 되찾는 적극적인 정치행위다. 정부가 제공하는 정책을 수동적으로 수용하는 태도에서 벗어나, 적극적으로 자신의 권리를 요구하는 능동적인 주체로서의 전환을 의미한다. 시민들이 목소리를 높여 나의 문제를 제기할 때 한국에서 진정한 규제개혁이 꽃피우고, 대한민국의 규제경쟁력, 나아가 국가경쟁력도 향상될 수 있다. 무엇보다 경제를 활성화함으로써 높은 임금과 완전고용 속에서 민생이 나아질 수 있다.

이 책의 저자들은 정부의 과도한 규제로 상징되는 국가주의, 즉 국민 경제 사회생활의 곳곳에 정부가 개입하는 행태를 개선해야 한국이 더 나은 나라가 될 수 있다는 믿음을 갖고 있다. 이런 관점에서 함께 모여 토론도 하고 의견도 정리해서 이미 두 권의 책을 냈다. 『함께 못사는 나라로 가고 있다』(윤성사)와 『정부사용매뉴얼: 국민에 이로운 정부 만들기』(윤성사)가 그것이다. 일종의 진지전이다. 시장과 경제를 국가가 재단해야 한다는 국가주의자들은 지난 수십 년간 한국의 지성을 마비시켜 왔다. 그들의 진지전이 성공을 거둔 것이다. 이제 이에 대항하는 진지전을 한국의 시민들과 지성인들이 진지하게 벌여야 한다는 믿음을 갖고 있다. 끝으로 우리들의 이런 노력을 출판을 통해 지원하고 있는 윤성사의 정재훈 대표에게 감사를 표한다.

  기억하자. 규제개선 청구권은 시민의 천부적인 권리다. 내가 나서지 않으면 누구도 나의 이 권리를 대신 행사해 주지 않는다.

참고 문헌

강영철(2021). 규제학회 20년, 미완성의 두드림, 새로운 준비, 「규제연구」 제30권 제2호.
강영철 외(2021). 「함께 못사는 나라로 가고 있다」, 윤성사.
공정거래위원회(2020). 「경쟁규제영향평가 매뉴얼」.
곽노성(2021). 「스타트업 규제개혁 어젠다」, 렛츠북.
곽정호 · 고창열 · 김희정 · 박상수 · 오동석(2013). 정보통신공사업 활성화를 위한 제도개선 방안 연구, 「방통융합미래전략체계연구」, 한국정보통신산업연구원.
국무조정실(2019, 2021, 2023). 「규제개혁 백서」.
_____(2021), 「규제개혁 매뉴얼」.
_____(2021), 「규제샌드박스 시행 2주년 주요 사례」.
_____(2023). 「2023 규제영향분석 작성지침」.
김대진 · 임재진(2019). 빈용기보증금 제도개선의 효과 분석, 「규제연구」 제28권 제2호.
김신 · 이혁우(2016). 「규제개혁을 위한 기존 규제의 정비 방안」, 한국행정연구원.
산업통상자원부 국가기술표준원(2021). 「기술규제영향평가 매뉴얼」.
삼성경제연구소(2008). 「한국의 경제규제비용 분석」, Issue Paper.
서성아 외(2019). 「규제영향평가 효과성 제고를 위한 정부규제의 비용 · 편익 이슈 분석」, 한국행정연구원.
신영철 외(2021). 「산업안전보건법 규제영향분석을 위한 건강편익 산정방식 개선연구」, 산업안전보건연구원.
아산나눔재단(2022). 「2022 스타트업코리아」.
양금승(2015). 기업활동 관련 중복규제의 현황분석과 정책과제. 한국경제연구원, 「정책연구」, pp. 15-24.
이민창(2001). 정책변동의 제도론적 분석: 그린벨트와 영월댐 사례를 중심으로, 서울대학교 박사학위 논문.
_____(2017). 우리나라 규제개혁 추진 과정에 관한 고찰: 규제개혁 거버넌스와 민관협력 성과를 중심으로, 「한국거버넌스학회보」 제24권 제1호.

이민창 · 김주찬(2015). 지방규제개혁 추진: 경쟁은 작동하는가?, 「규제연구」 제24권 제3호.
이수일 외(2018). 「네거티브 규제체계 도입을 위한 타당성 검토」, 경제인문사회연구회 미래사회 협동연구 총서 16-28-01.
이혁우(2021). 「규제관리론」, 윤성사.
_____(2021). 「규제를 규제한다」, 윤성사.
이혁우 외(2011). 의원입법에 대한 규제영향분석의 필요성 연구, 「규제연구」 제20권 제1호. pp.37-38.
_____(2022). 「정부사용 매뉴얼: 국민에 이로운 정부 만들기」, 윤성사.
중소기업부(2010). 「중소기업규제영향평가 매뉴얼」
최병선(1992). 「정부규제론」. 법문사.
최진욱(2006). 규제가 국가경쟁력에 미치는 영향: OECD 국가를 중심으로. 「규제연구」 제15권 제1호.
한국행정연구원(2018). 「효율적인 사례교육을 위한 규제정책 사례연구」.
행정안전부(2022), 「지방규제혁신: 2022 우수사례집」.
허용 · 김미정(2021), 토지이용규제 제도개선을 위한 유사규제 지역-지구 등 분석방법, 「국토정책 브리핑」 No. 847, 국토연구원.

Alesina, Albert O. et al.(2005). Regulation and Investment, *Journal of the European Economic Association* 3(4): 791-825.
Boardman, Anthony E. et al.(2005). *Cost-Benefit Analysis*, 5th ed., Routledge.
Crain, W. Mark(2005). *The Impact of Regulatory Costs on Small Firms*, The Office of Advocacy, U.S. Small Business Administration.
Dawson, John W. & John Seater(2013). Federal Regulation and Aggregate Economic Growth, *Journal of Economic Growth*, 18: 137-177.
Department for Business, Energy & Industrial Strategy(2019). *Better Regulation Framework: Interim Guidance*. UK: London.
_____(2021). *Producing Post-Implementation Reviews: Principles fo Best Practice*. UK: London.
HM Treasure(2022). *Green Book: Central Government Guidance on Appraisal and Evaluation*, UK: London.
OECD(1997). *World Development Report 1997: The State in a Changing World*. OECD:

Paris.

_____(2014). *OECD Regulatory Compliance Cost Assessment Guidance*. OECD: Paris.

_____(2015). Cost benefit analysis of investment projects, in *Government at a Glance 2015*; OECD(2008), *Introductory Handbook for Undertaking Regulatory Impact Analysis*, OECD: Paris.

_____(2020), The 2018 edition of the OECD PMR Indicators and Database: Methodological Improvements and Policy Insights Economics Department Working Papers No.1604.

Rt Hon Sir George Iain Duncan Smith, Theresa Villiers, & George Freeman(2021). *Taskforce on Innovation, Growth and Regulatory Reform* Gov. UK.

Sunstein, Cass R. (1990). Paradoxes of the Regulatory State, *University of Chicago Law Review*: Vol. 57: Iss. 2, Article 4.

Wilson, James Q.(1980). *The Politics of Regulation*, New York: Basic Books.

World Bank(1997). *World Development Report: The State in a Changing World*. Oxford University Press.

[언론 보도]

동아일보. 2019.4.4.
매일경제. 2018.9.10.
머니투데이. 2022.2.10.
_____. 2022.8.6.
이코노텔링(econotelling). 2019.12.16.
한국경제신문. 2022.8.17.

저자 소개

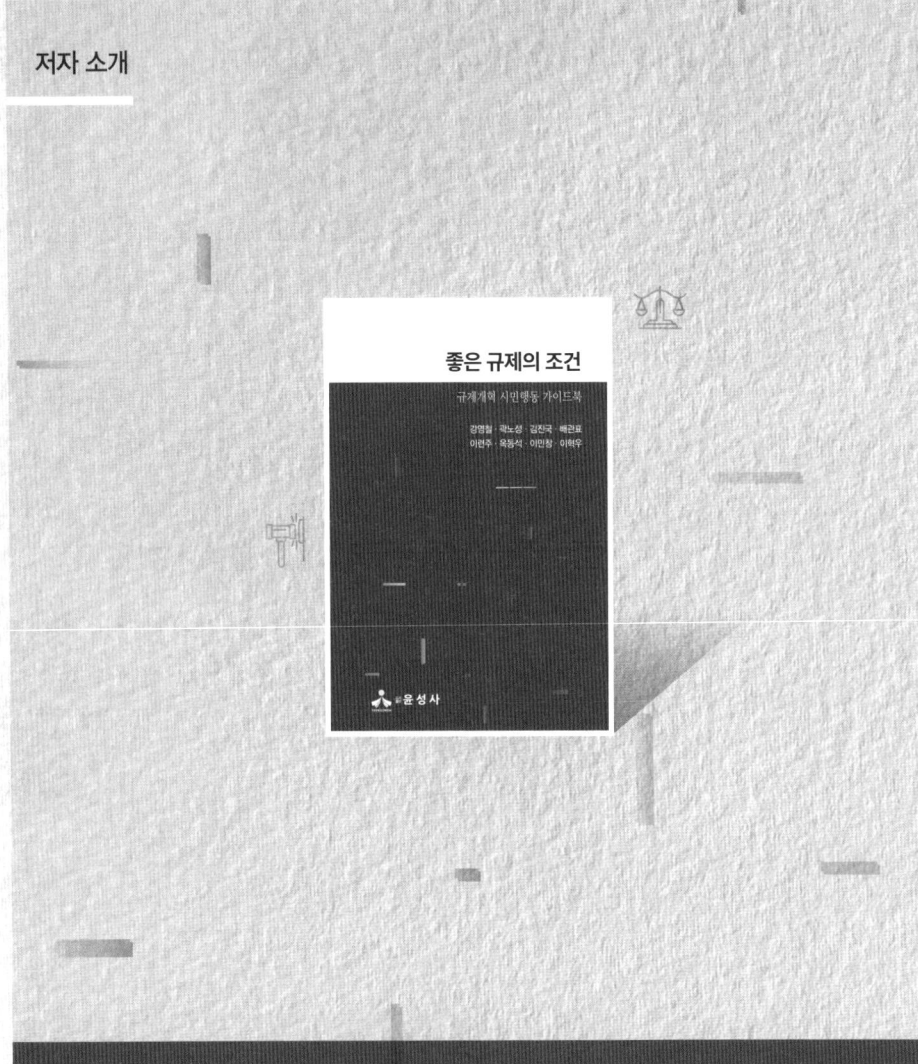

강영철은 KDI 국제정책대학원 초빙교수다. 매일경제에서 세계지식포럼과 비전코리아 국민보고대회를 조직했으며 경제부장, 논설위원을 역임했다. 풀무원으로 옮겨 미국법인 대표를 맡아 미국 내 인수 합병과 사업 확장을 지휘했다. 언론과 민간의 경험을 바탕으로 공공의 이익을 위해 일하고자 2014년 7월부터 3년간 국무조정실 규제조정실장으로 규제개혁에 노력했다. 서울대학교 경제학과를 졸업하고, 신문사 기자 재임 중 미국으로 유학 피츠버그대학교 경영대학원에서 '이윤전 기업의 사회적 책임, 이해관계자 자본주의 및 정의로운 기업시스템'으로 박사학위를 받았다. 풀무원 재직 중에 하버드 경영대학원 최고경영자과정을 이수했다. 주요 저서로는 헨리 스튜어트(Henry Stuart)의 『해피 매니페스토(Happy Manifesto)』라는 직장 내 행복관리에 대한 번역서와 『함께 못사는 나라로 가고 있다』, 『정부사용 매뉴얼』 등이 있다(kang.youngchul@gmail.com).

곽노성은 연세대 글로벌인재대학 객원교수다. 연세대 식품공학과(현 생명공학과)를 졸업하고 영국 레딩대학교에서 식품규제정책으로 박사학위를 취득했다. 식품안전정보원 원장, 국가과학기술자문회의 대통령 자문위원, 국가과학기술연구회 기획평가위원, 바른과학기술사회 실현을 위한 국민연합 공동대표로 봉사했다. 지금은 벤처기업협회 자문위원, 국가과학기술연구회 융합연구위원, 한반도선진화재단 기술혁신연구회 회장으로 활동하고 있다. 저서로는 『혁신성장의 길 : 과학과 혁신, 그리고 분권』, 『스타트업 규제개혁 아젠다』, 『식품안전 소비자 마음에 답이 있다』 등이 있다(forsome7@gmail.com).

김진국은 연세대학교 경제대학원 객원교수다. 연세대학교에서 경제학을 전공해 학사와 석사학위를 취득하고 미국 뉴욕주립대(스토니브룩)에서 경제학 박사학위를 취득했다. 한국규제학회 편집위원장 및 학회장을 역임했으며, 공정거래위원회에서 오랫동안 경쟁정책 부문 자문위원을 맡았고 대통령직속 규제개혁위원회 민간위촉위원, 여러 정부부처의 규제개혁위원 및 외교부 국제빈곤퇴치기여금 운용심의위원회 위원 등으로 봉사했다. 저서로는 『민간시장의 효율적 형성 및 성장저해 규제 연구』(공저), 『공정거래법 전면 개편 방안』(상) : 경쟁이론과 공정거래법』(공저), 『해외원조』(공저), 『함께 못사는 나라로 가고 있다』(공저) 『정부사용매뉴얼』(공저) 외 다수 논문과 저서가 있다(jgkim94@naver.com).

배관표는 충남대학교 국가정책대학원 부교수다. 서울대학교 미학과를 졸업하고 삼성전자 무선사업부(現 MX사업부)에서 상품기획자 등으로 일했다. 서울대학교 행정대학원에서 '공공기관 통제의 선행 요인과 성과 영향'을 주제로 박사학위를 취득하고, 국회입법조사처 사회문화실에서 입법조사관으로 일했다. 한국규제학회 총무위원장 등으로 봉사하고 있으며, 여러 공공기관 규제 및 평가 관련 위원을 맡고 있다. 주요 논문으로 'Antecedents of Governmental Control over Quasi-governmental Organizations in South Korea', 'South Korea's Annual State Inspection, Double-Edged Sword', '규제를 통한 공공미술 지원 제도의 문제와 과제' 등이 있으며, 역서로는 달(Robert Dahl)의 『경제민주주의에 관하여』가 있다(kwanpyo@cnu.ac.kr).

이련주는 한국행정연구원 초청연구위원이다. 서울대 외교학과를 졸업하고 서울대 행정대학원에서 석사학위를 취득했다. 제32회 행정고시를 합격한 후, 30여년간 공직생활을 했으며 대통령비서실 국정과제비서관, 국무조정실 국정운영실장, 경제조정실장, 규제조정실장 등을 역임했다. 특히 규제조정실장 재직시 신산업 규제혁신을 위해 규제샌드박스 제도를 우리나라 규제체계에 도입, 설계했고, 운영을 총괄하면서 포괄적 네거티브 규제의 기본 틀을 마련했다. 또한 적극행정을 범정부 차원에서 도입, 확산하는 각종 정책을 수립했다. 규제개혁위원회를 운영하고, 신산업은 물론 중소기업, 인증, 창업 등 다양한 분야의 규제개혁을 추진한 바 있다(rysh95@kipa.re.kr).

옥동석은 서울대학교 경제학과를 졸업하고 동대학원에서 박사학위를 취득했다. 정부의 예산·인사·조직에 대한 경제학적 분석에 집중하면서 제도경제학·공공선택론 연구를 하게 됐고, 시장실패와 정부실패의 균형적 시각을 가지면서 경제사회의 진화적 발전에 대한 신념을 갖게 됐다. 인천대학교 교수로 30년 이상 재직하며 한국조세재정연구원장, 국가공무원인재개발원장을 역임했고, 정책-정치 현장의 다양한 경험을 갖고 있다. 주요 저서로는 『거래비용 경제학과 공공기관』, 『권력구조와 예산제도』, 『항만하역 고용형태의 변천』, 『함께 못사는 나라로 가고 있다』, 역서로는 『주권이란 무엇인가』, 『현대적 공공지출관리』, 역편저로는 『케인스는 어떻게 재정을 파탄냈는가』, 『정부사용매뉴얼』 등이 있다(dsoak@naver.com).

이민창은 조선대학교 행정복지학부 교수다. 조선대학교 행정학과를 졸업, 서울대학교에서 행정학 박사학위를 취득했다. 미국 인디애나대학교 방문학자와 한국규제학회 회장을 역임했다. 국무조정실 일몰규제심사 전문위원. 행정안전부 지방규제 심사위원, 감사원, 식품의약품안전처, 산림청, 관세청, 새만금관리청, 광주광역시 등 다수 부처의 규제개혁 관련 위원으로 활동하면서 규제개혁 이론을 연구하고 규제관리 실무를 경험했다. 저서로는 『새행정학 3.0』(공저), 『공공갈등과 정책조정 리더십』(공저), 『공정사회와 갈등관리 IV』(공저), 『효율적인 사례 교육을 위한 규제정책 사례연구』(공저), 『2018년도 규제정책사례연구』(공저), 『성공하는 정부를 위한 국정운영: 민주적 공화주의 관점(규제개혁과 민관협력)』(공저), 『민주주의는 만능인가』(공저), 『함께 못사는 나라로 가고 있다』(공저), 『정부사용매뉴얼』(공저) 외 다수 논문과 저서가 있다(savio@chosun.ac.kr).

이혁우는 배재대학교 행정학과 교수다. 고려대학교 영어영문학과를 졸업, 서울대학교에서 박사학위를 취득했다. 워싱턴대학교에서 방문학자로 연구했으며 한국규제학회 연구위원장, 부편집위원장으로 봉사했다. 대통령직속 규제개혁위원회 민간위촉위원과 국토교통부, 식품의약품안전처, 산림청, 문화재청, 특허청, 관세청, 충청남도 등 여러 정부부처의 규제개혁위원회 위원으로 정부의 규제관리 실제에 다양하게 참여했다. 저서로는 『새행정학 2.0』(대영문화사, 공저), 『The Experience of Democracy and Bureaucracy in South Korea』(Emerald, 공저), 『민주주의는 만능인가』(가갸날 공저), 『실패한 정책들』(박영사, 공저), 『규제를 규제한다』(윤성사), 『규제관리론』(윤성사), 『함께 못사는 나라로 가고 있다』(윤성사, 공저), 『정부사용매뉴얼』(윤성사, 공저) 외 다수 논문과 저서가 있다(hwlee@pcu.ac.kr).